COLECCIÓN "AGUA VIVA"

Serie B

Felio José Bauzá Martorell

LIDERAZGO IGNACIANO PARA CREYENTES Y NO CREYENTES

Amar y servir en tiempos difíciles

Prólogo de
Elías López, SJ

FONTE
GRUPO EDITORIAL

EDITORIAL
MONTE CARMELO

© 2023 Felio José Bauzá Martorell al texto
© 2023 Elías López Pérez al prólogo
© 2023 Grupo Editorial Fonte a la edición
P. del Empecinado, 1; Apdo. 19 – 09080 – Burgos
Tfno.: 947 25 60 61

www.montecarmelo.com
www.grupoeditorialfonte.com
editorial@grupoeditorialfonte.com

ISBN: 978-84-10023-07-9
Depósito Legal: BU-295-2023

Impresión y encuadernación
Grupo Editorial Fonte – Burgos
Impreso en España. Printed in Spain

Al Colegio de Montesión de Palma de Mallorca,
con infinita gratitud.

ÍNDICE

PRÓLOGO

El Papa Francisco anima a todos los cristianos a aprender a discernir. Como él dice, no hay libertad en una persona si no discierne la norma. Para alcanzar la libertad de lo que somos, hijos de Dios, el Papa añade que todo cristiano debe aquietarse y silenciarse interiormente para examinar espiritualmente cada día, todos los días. El examen espiritual es la herramienta básica del liderazgo espiritual que propone Ignacio. Como el fundador decía, un jesuita puede dejar otros medios, pero nunca el examen espiritual diario. Por esto Bauzá afirma: el examen de conciencia es siempre el mejor medio para cuidar bien el alma. El discernimiento espiritual, como bien señala el autor, es la clave primera del liderazgo, ciertamente, ignaciano, que cuida y ayuda al alma o las almas. El discernimiento espiritual cristiano es una teoría crítica del conocimiento en la toma de decisiones y el ejercicio de la libertad que nos lleva a elegir buscando el *magis*, en clave ignaciana: la sana tensión espiritual que quiere identificar y dar «el siguiente paso posible» en la búsqueda de la voluntad de Dios, o en la búsqueda del mayor bien común que hace que cada uno crezca a la altura de los talentos recibidos al ponerlos en juego espiritualmente, trascendiéndonos en todos los niveles de la vida. La espiritualidad, esa capacidad de conectarnos con lo más valioso en lo más íntimo de nosotros mismos y, al tiempo, trascendernos y conectarnos con la alteridad más allá de nuestra piel, promoviendo y cuidando la vida de forma integral, integrada e íntegra, es muy realista y posibilista. Ciertamente la espiritualidad cristiana es de ojos abiertos, de análisis contemplativo de la realidad, que nos lleva en cada contexto real, según tiempos, lugares y personas particulares, a buscar, identificar y dar el siguiente paso posible (lo perfecto-imposible es enemigo de lo más bueno-posible) en una dirección que confirmamos últimamente que lleva y ha llevado a una mayor comunión, reconciliación y justicia en nuestro mundo tan roto por multitud de diferentes violencias interconectadas en tantos niveles de la vida y lugares del mundo.

El liderazgo ignaciano es dejarse liderar por Jesús, inspirados en cómo Ignacio se dejó influir por Él y nos muestra en su Autobiografía. Para entender cómo Ignacio en su vida se deja liderar por Jesús, influido por su persona y poder de transformación, no hay nada mejor que hacer los Ejercicios Espirituales del santo. En ellos Ignacio ofrece seis experiencias claves que cuajan la forma de estar en el mundo que llamamos liderazgo ignaciano. Presentamos de forma breve esos «seis anclajes»: el primero es el del pórtico de entrada que llamamos Principio y Fundamento, luego los cuatro anclajes de cada una de las cuatro semanas del mes de Ejercicios Espirituales, y por último el de la Contemplación para Alcanzar Amor del pórtico de salida con el que Ignacio abre los Ejercicios a la vida cotidiana en el mundo. Cada uno de los seis anclajes se refiere a seis preguntas existenciales que se hace la persona ignaciana y desde ahí se deja liderar por Jesús y colidera con Jesús y con otros. Los seis anclajes son progresivos en el desarrollo de la antropología del liderazgo ignaciano que es un proceso relacional como vemos a continuación.

Anclaje 1.º de Principio y Fundamento te propone: Conéctate con tu «Fuente de Vida» para desde ese centro existencial elegir en la vida con autenticidad y libertad. La pregunta de fondo que te plantea Ignacio es: ¿Cuál es tu vínculo de amor primero y fundante en tu vida? Este Absoluto, que para Ignacio y un cristiano es Dios, te da un propósito vital (tu «para» en la vida) con el que puedes elegir libremente al servicio de ese «para» vital, sin enredarte tanto en lo que es relativo. Lo que Ignacio llama «indiferencia» no es que todo me da igual, sino es «diferenciar» lo que es principio y fundamento de tu vida, tu «para» existencial, de lo que no lo es; y elegir libremente conforme a ese Absoluto vital. Para Ignacio el vínculo con Dios, Creador-criatura, da un «para» al liderazgo ignaciano que queda explicitado en tres verbos: «alabar» (dar gracias porque todo es regalo de Dios, vivir desde la abundancia y no desde la carencia), «hacer reverencia» (no apropiarse de lo que viene de Dios, no soy dueño y señor, humildad) y «servir» (dar gratis lo que gratis recibimos de Dios).

Anclaje 2.º de Primera Semana te propone: Déjate perdonar por Dios, tu Fuente de Vida, y vive agradecido. La pregunta de fondo que te plantea Ignacio es: ¿Qué haces con el mal que causas? Ignacio nos invita a, desde el vínculo con nuestra Fuente de Vida, reconocer el daño que hacemos y dejarnos perdonar por el amor de Dios. Y desde ahí vivir agradecidos. El liderazgo ignaciano experimenta en carne propia la experiencia humana de ser «pecadores-perdonados–agradecidos», donde el perdonados es la palabra clave: hemos experimentado que Dios es bueno y compasivo. Desde esa bondad incondicional del abrazo del Padre al hijo pródigo nace el seguimiento de Jesús, dejarnos liderar por Él y como Él de la segunda semana.

Anclaje 3.º de Segunda Semana te invita: Con lucidez, elige el camino de la humildad que te hace libre.

La pregunta antropológica de fondo que te plantea Ignacio es: ¿Qué haces con tu libertad? ¿Elijes con lucidez o dejándote engañar? Los valores con los cuales Ignacio te invita a responder estas preguntas son los de Jesús: Ignacio te invita a dejarte modelar por Jesús, con Él y como Él. Primero, frente a la seducción de cubrir tu necesidad de seguridad en el tener y apropiarte de las cosas (riqueza) te invita a elegir vivir de forma sencilla con una economía de lo suficiente y la providencia (pobreza). Eso te llevará a lo segundo, frente a la necesidad de ser estimado y valorado que te lleve a apropiarte de tu imagen y a una dependencia de reconocimiento exterior muchas veces vacío de valores (vano honor del mundo), Ignacio te anima a contemplar a Jesús que te invita a la lucidez de elegir ser rechazado y hasta humillado (oprobios y menosprecios) para ganar libertad interior con respecto a la dependencia y, a veces, esclavitud que todos tenemos del «aplauso» público, depender del reconocimiento a toda costa. El liderazgo ignaciano es aquel que, frente a la apropiación de seguridades y reconocimientos que con engaño llevan últimamente a la soberbia y soledad, te invita a elegir con lucidez y con la gracia de Dios la sencillez de vida y el no vivir para el aplauso de los demás, incluso deseando el rechazo y humillación con y como Jesús, para alcanzar la humildad como valor máximo del estar liderado por Jesús a su estilo e ir así siendo modelado por su humildad.

Anclaje 4.º de Tercera Semana te propone: Se «manso-subversivo» con y como Jesús en su pasión aprendiendo a ser canal del perdón del Padre en la cruz. La pregunta de fondo que te plantea Ignacio es: ¿Qué haces con el mal y la injusticia estructural contra ti y el mundo? Ignacio te invita a ir de la mano de Jesús a lo largo de su pasión para aprender a ser manso-subversivo: no responder a violencia con violencia sino a intentar restaurar la humanidad de cada uno de los ofensores (episodio tras episodio de la pasión Jesús se encuentra con distintos actores de violencias múltiples y diversas e intenta restaurar su humanidad de hijos de Dios). Jesús diferenciando la persona del ofensor del acto violento invita al ofensor a examinarse espiritualmente y reconectarse con sus tres anclajes primeros: 1.º su Fuente de Vida, 2.º su experiencia de ser pecador-perdonado, 3.º su capacidad de discernir con lucides y humildad. Sólo desde ahí, el seguidor del liderazgo de Jesús es capacitado con la mansedumbre-subversiva necesaria para adentrase en Jerusalén, expresión del cúmulo de todas las violencias estructurales del mundo. No hay nada más radicalmente subversivo de los contravalores violentos del mundo que la mansedumbre revolucionaria del perdón ofrecido por la víctima a su victimario. Jesús necesita, también como nosotros, conectarse a su Fuente de Vida, al Padre, para sufriendo la violencia radical de la cruz perdonar a sus ofensores (per-don significa etimológicamente «exceso de don»): «Padre, perdónalos». Ignacio nos invita, con y como Jesús, a conectarnos con la Fuente del «excesivo don» para perdonar una violencia excesiva y restaurar una justicia que va más allá del ser justiciero: reparar a la víctima y al enemigo también.

Anclaje 5.º de Cuarta Semana te propone: Sigue esperando en la Vida resucitada, apostando por la paz y la transformación de la violencia con el perdón. La pregunta de fondo que te plantea Ignacio es: ¿Tienes razones para seguir esperando por la Vida en medio de la violencia? Ignacio nos invita a contemplar a Jesús en las apariciones del resucitado y, así, nos invita a resucitar con Él y como Él, a recuperar la fe en el camino de los anclajes: 1.º criaturas amadas incondicionalmente por el Creador, 2.º perdonadas-agradecidas, 3.º humildes-lúcidas, co-perdonadoras con el Padre, y 5.º esperanzadas en medio de la transformación de la violencia del mundo. Es así como el liderazgo ignaciano se vuelve en un liderazgo cuya función es consolar: recuperar e incrementar la fe, la esperanza, el amor, la alegría, el compromiso, la justicia, el perdón y compasión... la comunión, lo que Dios es.

Anclaje 6.º de Contemplación para Alcanzar Amor te propone: Vive «co-inspirando» con el Espíritu de Amor. La pregunta de fondo que te plantea Ignacio es: ¿Es tu yugo suave y tu carga ligera en la transformación del mundo? Ignacio nos invita a alcanzar la Fuente del Amor «contemplando en la acción» del día a día cómo Dios «se abaja, habita y trabaja en toda la creación». Por tanto, Ignacio nos invita a vivir descentrados y confiados al ver que Dios está en todo y todos co-inspirando con nosotros y nosotros en Él. Nosotros le echamos una mano y Él va por delante como Salvador. Nosotros no somos los salvadores y, así, ganamos libertad frente a complejos humanos de omnipotencia. Ignacio, de este modo, nos invita a vivir en la confianza, a seguir a Jesús «sabiamente ignorantes» y «sin adelantarle el paso» como Ignacio, según decía de él el P. Nadal, su secretario. El liderazgo ignaciano es místico-político, busca la transformación social haciendo un silencio y una quietud honda que permita la unión íntima con Dios. Y así darle a Dios oportunidad para que sea Él el que hable en nuestro silencio y actúe en nuestra quietud, para que seamos «contemplativos en la acción» trasformadora y política: al servicio del mayor bien común, de la justicia y la reconciliación.

Estos seis anclajes son seis experiencias claves en la existencia de un ser humano, seis preguntas existenciales que todo ser humano afronta a lo largo de la vida, creyente o no, y que tiene que discernir. Los anclajes son sabiduría heredada, luces cuidadas de generación en generación para ayudar a discernir al ser humano. Los llamamos «anclajes» pues nos ayudan al liderazgo ignaciano, a discernir en la vida cómo vivir «anclados al suelo», al «con-suelo». Para Ignacio en la cuarta semana la misión que trae El Resucitado es la de consolar. La «mistagogía» ignaciana (la pedagogía del encuentro directo con Dios) es con la que aprendemos a que sea Dios el que nos lidere al modo en que Jesús lideró a Ignacio, siendo fuente de consolación y alegría. El liderazgo ignaciano ayuda a vivir «anclados en la consolación» y así también consolar a otros.

Según el Papa Francisco la espiritualidad ignaciana se traduce en tres palabras: alegría, compasión y discernimiento. La alegría de la consolación de El Resucitado. Pero es una alegría que no salta del mirar para otro lado, sino del abrazo compasivo con los hermanos heridos por la injusticia. Y para sostener la alegría en el abrazo con los heridos del mundo desde nuestras propias heridas (algo que parece en oposición) se necesita mucho discernimiento espiritual, mucho examinar espiritualmente en el día a día.

Hoy más que nunca en una Iglesia sinodal se hace necesario pasar de líderes individuales a liderazgos participativos basados en: el examen espiritual que integre la inteligencia corporal y la emocional también, la conversación espiritual que incluya las voces descartadas para distribuir el poder, el discernimiento estratégico institucional que ponga en el centro y cuide de la persona entera y de todas las personas en el centro de las organizaciones, y supere la auto referencialidad institucional por medio del trabajo en redes de discernimiento interinstitucional para la incidencia pública y política en la transformación social, al servicio de las grandes heridas de la humanidad que el Papa pone como destino de la Iglesia en salida y como lugar donde la Iglesia se planta como hospital de campaña para sanar un mundo roto por tanta violencia e injusticia. El liderazgo ignaciano por eso hoy no puede hacer otra cosa que unirse a la misión de la Iglesia sinodal y de la Compañía de Jesús desde el inicio, que en la Fórmula del Instituto de 1550 S. Ignacio escribe de puño y letra: la Compañía fue fundada para «la reconciliación de los desavenidos.» Hoy día esa misión se concreta en las dos últimas Congregaciones Generales y en la Preferencias Apostólicas Universales: reconciliar es 1) restablecer relaciones justas con Dios por medio Ejercicios Espirituales y el discernimiento espiritual; 2) restablecer relaciones justas con los «otros» seres humanos, también con el «otro» que llevamos dentro de uno mismo, pero especialmente con los excluidos y descartados, y también con los jóvenes acompañándolos en caminos de esperanza; 3) restablecer relaciones justas con la creación en la casa común. No hay liderazgo ignaciano que no sea reconciliado-reconciliador y sanador de heridas de víctimas y victimarios de injusticias por medio del discernimiento espiritual en común. No hay liderazgo ignaciano que no sea sinodal, al servicio de la comunión, la participación y la misión de ser embajadores de la reconciliación de Dios, como dice San Pablo en la carta a los Corintios.

Efectivamente, como propone Bauzá, la mistagogía ignaciana de los Ejercicios Espirituales que configura el liderazgo ignaciano toca a creyentes y no creyentes, pues todos necesitamos dar respuesta existencial a las seis preguntas antropológicas de los anclajes, aunque sea desde distintas espiritualidades: todos tenemos capacidad de trascender y conectándonos con la Fuente de Vida, sea cual sea esa Fuente, si es vida que trae vida en abundancia (Jn 10,10) para todos sin exclusión. En Jesús de Nazaret, creyentes y no creyentes en su divinidad como Hijo de Dios, muchos pueden encontrar inspiración que ayude a discernir su forma de poner en juego los talentos al alcance de cada uno e influir en un mundo necesitado de reconciliación que lo haga justo para los excluidos y sostenible para nuestros hijos y nietos y sus hijos y nietos…

Para este liderazgo espiritual ignaciano, efectivamente, Bauzá dice que es esencial el acompañamiento espiritual, pues sin él no hay discernimiento ni personal ni comunitario y organizacional. Dicen que Dios no elige a los capacitados, sino que capacita a los que elige. Hoy más que nunca necesitamos capacitar en el acompañamiento del discernimiento espiritual personal y organizacional. El discernimiento espiritual es una teoría tan crítica como «sabiamente-ignorante» en la toma de decisiones, que nos ayude a afrontar los retos adaptativos que encontramos en los contextos locales o globales tan rápidamente cambiantes, inciertos, complejos, ambiguos y sin tiempo (contextos VUCA) para parar y respirar conscientemente, libremente. Cuanto más urgente e importantes son los retos que nos acechan y lanzan a actuar más necesario, urgente e importante se hace la llamada «parada... ignaciana» ... desde los seis anclajes. El liderazgo ignaciano es dejarse liderar por Jesús al modo de Ignacio que vivió desde los seis «anclajes al suelo», con el «con-suelo» de seguir al Resucitado.

Elías López Pérez, SJ

PREVIO

Quiero dedicar estas reflexiones y apuntes a los miembros de la Compañía de Jesús, que me han procurado acompañamiento durante muchos años, desde que comenzaron mis estudios en el Colegio de Nuestra Señora de Montesión en Palma de Mallorca[1], siguiendo por la Universidad Pontificia Comillas (ICADE) en Madrid. Todos ellos dejaron una huella imborrable en mi formación personal y académica, que trato de trasladar a mis hijos, a la sazón alumnos de jesuitas en Montesión.

Sería una tarea imposible nombrarlos a cada uno en este capítulo de agradecimientos; inevitablemente quedarían imperdonables ausencias. A todos ellos les profeso o les he profesado (porque muchos ya han recibido el abrazo de Dios) admiración, y considero con total convicción que más de uno de los que conocí, estuvo tocado por la santidad[2].

Sin embargo, no puedo dejar de referirme a Bernardino Seguí Mairata, SJ, hombre de una extraor-

---

[1] Nuestra Señora de Montesión es a día de hoy el colegio en activo de jesuitas más antiguo del mundo, fundado en 1561. Desde entonces y con todo tipo de vicisitudes (la expulsión de España y la supresión de la Compañía), Montesión ha marcado la vida espiritual e intelectual de Mallorca. *Vid.* OBRADOR VIDAL, B. *450 años de historia del Colegio Montesión en Palma de Mallorca.* 3 vols. Asociación de Antiguos Alumnos de Montesión. Palma de Mallorca, 2011. Lamentablemente y sin motivo alguno que lo justifique, la Compañía de Jesús decidió en 2021 dejar de impartir enseñanza en este Colegio y trasladar la docencia a otra sede en las afueras de la ciudad.

[2] Me refiero por ejemplo a José María Casasnovas Despujol, SJ (1925-2015). El Padre Casasnovas fue misionero en La

dinaria inteligencia, que afloraba en su ironía fina; pero también por su ejemplo y su maestría desde la sencillez, su cercanía y la enseñanza de encarar los problemas desde la templanza. Como tampoco a Miguel Garau Horrach, SJ, artista pintor y escultor, de exquisita sensibilidad y *finezza* florentina en todos sus planteamientos.

Pero muy especialmente debo tener presente a Norberto Alcover Ibáñez, SJ, quien desde mi juventud se vino interesando por mi crecimiento espiritual. A él dedico cariñosamente este opúsculo por su especial empeño –correspondido con mayor o menor fortuna por mi parte– en que los laicos vayamos recogiendo el testigo de la labor jesuítica y del carisma ignaciano. Llevo años escuchándole advertir que faltan laicos comprometidos en la Iglesia, y sin duda le asiste la razón.

En tanto que Superior de la Comunidad de Montesión entre 2016 y 2019, a Norberto le correspondió presidir e impulsar la plataforma apostólica local (PAL), agrupación de las entidades de laicos nacidas alrededor de los jesuitas. En el seno de la PAL fui testigo de primera mano de los desvelos de Norberto Alcover por hacer de aquél un grupo cohesionado, que compartiera sinergias, y que fuera transmitiendo el carisma ignaciano en una labor catequética. Y todo ello con la inestimable ayuda de Elías López, SJ,

---

India entre 1953 y 1980. Llegó a ser chófer de la Madre Teresa de Calcuta, con quien recogía moribundos por la calle, a los que acompañaban en el sufrimiento y ayudaban en el buen morir. El P. Casasnovas fue muy sensible a las vigilias de la Inmaculada Concepción que fundó el P. Tomás Morales, SJ, en Madrid. José María Casasnovas fue el organizador en Montesión durante muchos años de la Vigilia.

quien se desplazaba desde cualquier lugar para dirigir y orientar la labor del grupo[3].

Desde esa plataforma comencé a interesarme por el liderazgo ignaciano, con lecturas de ensayos y monografías, que –unidas a mi formación académica durante diecisiete años seguidos en la Compañía de Jesús– acrecentaron mi interés por la vida y obra de San Ignacio.

En fin, dos ideas quiero destacar en este momento, que considero de notable importancia: la celebración de Ejercicios Espirituales, dirigidos por Norberto Alcover en la Casa de Espiritualidad San Alonso Rodríguez en Son Bono (Palma de Mallorca), constituyen un punto de inflexión en mi vida; no en vano la gente más allegada me llegó a decir que me veía «cambiado» después de los mismos. Recomiendo vivamente esta experiencia renovadora y transformadora, que califico como esencial en la vida de un cristiano.

En segundo lugar, mi viaje al Santuario de Loyola en abril de 2018, a un encuentro de la Provincia de España entre jesuitas y laicos, donde pude apreciar en toda su extensión al verdadero ejército de la Compañía de Jesús, con un despliegue en todos los ámbitos de necesidades y con una labor ingente e intensa. Este viaje me generó una extraordinaria ilusión, al tiempo que me permitió albergar la esperanza de que, a pesar de la crisis de vocaciones y del lai-

---

[3] El sacerdote jesuita Elías López es consultor del Servicio Jesuita a Refugiados (SJR) y dedica principalmente su labor a la tarea de la reconciliación. El SJR es una organización no gubernamental de la Compañía de Jesús, fundada en 1980 por el P. Arrupe, con la misión de acompañar, servir y defender los derechos de los refugiados y desplazados forzosos. Desarrolla alrededor de dos cientos proyectos en más de cincuenta países para más de dos mil refugiados forzosos.

cismo imperante, existe una acción jesuítica de una gran envergadura, que no puede dejar de valorarse.

Todo ello acrecentó mi interés por el liderazgo ignaciano, como vehículo para trasladar a la sociedad civil un planteamiento que tiene a Dios como *Principio y Fundamento*, y a las personas como destino de cualquier acción. Siempre desde el bien y la bondad, que son innegociables en la vida de un cristiano.

El autor

DEFINICIONES

Acompañamiento: relación interpersonal en la que el acompañante ayuda al acompañado en su crecimiento espiritual, en el desarrollo de su relación con Dios.

Autobiografía: vida de Ignacio de Loyola recogida por el P. Luis Gonçalves da Camara entre 1553 y 1555. Es uno de los textos clave para entender el carisma ignaciano.

Carisma ignaciano: conjunto de características que definen la espiritualidad ignaciana, fundamentalmente el discernimiento como método para alcanzar a Dios y hacer su voluntad.

Compañía de Jesús: orden religiosa de la Iglesia Católica fundada por Ignacio de Loyola en 1534 y aprobada por el Papa Paulo III en 1540. Conocida por su nombre en latín *Societas Iesu* (SI y también SJ).

Contemplación en la acción: característica del carisma ignaciano que combina la contemplación de la unión con Dios (meditación de las Escrituras, diálogo con el Señor, oración), con la acción de la misión jesuítica, de hacer posible la voluntad de Dios.

Discernimiento: con carácter general discernir significa advertir algo, como consecuencia de una reflexión. Aquí hablaremos de discernimiento espiritual, que es un don del Espíritu Santo y significa advertir la presencia o ausencia de Dios en cualquier realidad humana. El discernimiento es así aquel ejercicio de valoración e introspección para actuar de manera que se cumpla la voluntad de Dios.

Ejercicios Espirituales: libro de reflexiones y oraciones, que escribe Ignacio de Loyola fundamentalmente durante su estancia en la Cueva de Manresa, que enseñan al ejercitante su camino para el encuentro con Dios. En puridad las tandas de Ejercicios duran veintiocho días, y por ello se organizan en cuatro semanas, aunque ya Ignacio aceptó las tandas semanales.

Fortaleza de ánimo: valentía, entereza y tesón para alcanzar las metas propuestas.

Jesuita: miembro de la Compañía de Jesús.

Hacerse indiferente: desapego hacia el entorno de personas y cosas para, desde la libertad y el amor, buscar la voluntad de Dios.

Liderazgo: cualidad de una persona que le permite influir en los demás, convirtiéndose en un referente y ejemplo.

Liderazgo ignaciano: proceso de dejarse influir, e influir a los demás en el amor y servicio como elementos para alcanzar la voluntad de Dios.

Liderazgo transformacional: liderazgo que opera un cambio en las personas, que les permite la gracia de nacer a una nueva vida. El ignaciano es un liderazgo transformacional.

Magis: del latín «ir a más», *magis* consiste en la antítesis del conformismo y es aquella característica de la persona que le conduce a crecer continuamente en su fe y en la realización de la misión de Dios.

Visión del Cardoner: experiencia mística que experimenta Ignacio de Loyola a orillas del río Cardoner, en Manresa. Según la Autobiografía, «estando allí sentado se le empezaron a abrir los ojos del entendimiento, y no que viese alguna visión, sino entendiendo y conociendo muchas cosas, tanto de cosas espirituales como de cosas de la fe y de letras, y esto con una ilustración tan grande, que le parecían todas las cosas nuevas» (Autobiografía, 30).

Visión de La Storta: experiencia mística que sufre Ignacio en la Iglesia de La Storta, a unos pocos kilómetros de Roma. Por un lado, Ignacio –que acudía a la Ciudad eterna a exponerle al Papa Paulo III la creación de la Compañía– siente que Dios le dice «Yo os seré propicio en Roma». Por otro, Ignacio percibe cómo Dios Padre le pone en contacto con Jesús. Así, escucha cómo Dios Padre le dice a su Hijo «Quiero que Tú tomes a este por servidor tuyo», y Jesús se dirigía a Ignacio diciendo «Quiero que tú nos sirvas». (Autobiografía, 96). De esta experiencia nace el nombre de Compañía de Jesús.

I.- INTRODUCCIÓN

En términos generales entiendo que cause sorpresa que un laico hable de cuestiones que tradicionalmente venían siendo expuestas por sacerdotes y religiosos. No obstante, la sorpresa no debería ser tal, si tenemos en cuenta que los laicos no somos ajenos a la Iglesia –al contrario, formamos parte de ella– y que, como cuestión de principio, no puede reservarse en exclusiva la transferencia del conocimiento de asuntos religiosos a los que viven de manera consagrada.

Ser cristiano es una forma de vida, y como tal debe, no meramente compatibilizarse con las obligaciones familiares y profesionales de quienes no somos religiosos, sino integrarse en la actividad cotidiana. Precisamente porque es una forma de vida, no somos cristianos «a ratos», en momentos (cuando recibimos la Eucaristía) y circunstancias concretas (enfermedades y peligros), sino de manera permanente en el tiempo y total en la acción. En este sentido la forma de vida cristiana no se reduce a momentos espirituales, sino que conlleva la manera de afrontar la vida desde ese prisma.

Además, no oculto que ser cristiano se ha convertido en una tarea titánica en un mundo que poco acompaña al humanismo; y más difícil va a serlo progresivamente, a medida que las raíces del laicismo se vayan extendiendo y penetren en el tejido personal, familiar y social con mayor profundidad. En un ejercicio de autocrítica, que debemos hacernos no sólo los laicos creyentes sino toda la Iglesia en general, debemos preguntarnos por qué el cristianismo está siendo arrinconado, asociado a una vivencia poco menos que trasnochada. A buen seguro algo estamos haciendo mal cuando no somos capaces de transmitir la fe en la vida cotidiana.

Estoy convencido de que, sin la Compañía de Jesús, no sólo la Iglesia, sino toda la cristiandad no sería como las conocemos hoy en día. Sin desde luego minusvalorar la labor de otras órdenes y congregaciones, o de la Iglesia diocesana, tengo la firme convicción de que la Compañía de Jesús constituye un verdadero grupo de valedores del mensaje de Dios, y que su labor a lo largo de la historia, incluso en momentos muy difíciles, encarna la más pura esencia del humanismo cristiano.

La condición de jesuita del Papa Francisco refuerza esta convicción personal, cuando encomienda a la Compañía, en la Congregación General 36, acudir *a las fronteras*: allí donde no hay nadie, donde ni siquiera llega el Estado, allí debe haber un jesuita defendiendo al ser humano, en torno a la justicia y la ecología.

> *Ignacio y sus primeros compañeros comprendieron la importancia de llegar a las personas situadas en las fronteras y en el centro de la sociedad, de reconciliar los que estaban alejados de cualquier modo.* CG 35, D. 3, n. 15.

En su homilía a la Congregación General el Santo Padre invita a «remar mar adentro»[1], ir a los lugares difíciles, porque Ésta tiene que ser una «Iglesia en salida», una «Iglesia hospital de campaña»[2].

Ignacio de Loyola construyó este carisma en una época y unas circunstancias concretas; posiblemen-

---

[1] Expresión que curiosamente recoge el himno del Colegio de Montesión: «mar adentro, a remar, a remar».

[2] Para el Papa Francisco, «la Iglesia está llamada a salir de sí misma e ir hacia las periferias, no sólo las geográficas, sino tam-

te hoy no lo haría de manera absolutamente coincidente, pero qué duda cabe de su vigencia, quinientos años después, y de su vocación universal.

El motivo que me conduce a escribir sobre liderazgo ignaciano es doble: el primero, un ejercicio de responsabilidad, al intentar formular una aportación personal y devolver una ínfima parte de todo aquello que los jesuitas me enseñaron; en un contexto de crisis de vocaciones, la tarea de la Iglesia no puede descansar en exclusiva sobre sacerdotes y religiosos, sino que los laicos –que también «somos Iglesia»[3]– podemos (y debemos) contribuir en la medida de nuestras posibilidades.

En segundo lugar, porque el liderazgo ignaciano en sí es una cuestión que, sin desvincularse de su origen espiritual y religioso, puede exportarse con relativa facilidad a organizaciones y entidades laicas, especialmente en la toma de decisiones en torno a la teoría del discernimiento, siempre desde el referente del humanismo cristiano. De hecho, el P. Jerónimo Nadal –colaborador de San Ignacio, a quien ayudó en la redacción de las Constituciones de la Compañía de Jesús– llegó a decir que los Ejercicios podían adaptarse incluso a los no cristianos[4].

La bibliografía existente (monografías y documentos de la Compañía de Jesús) sobre liderazgo

---

bién las periferias existenciales: las del misterio del pecado, las del dolor, las de la injusticia, las de la ignorancia y prescindencia religiosa, las del pensamiento, las de toda miseria».

[3] Expresión que le escuché en una tertulia del Patronato Obrero a Gonzalo Fuster Barceló (1934-2020), misionero jesuita en Paraguay antes de abandonar la Compañía y fundar familia con Catalina Serra.

[4] BARRY, W. G. – DOHERTY, R. G. *Contemplativos en la acción. La espiritualidad jesuítica*. Sal Terrae. Madrid, 2019. Pág. 16.

ignaciano no sólo están redactados por jesuitas, sino que están pensados esencialmente para ellos. Por eso tiene un componente espiritual y teológico acusado, y por este motivo los laicos tenemos una evidente dificultad en su comprensión.

Sin embargo, en algún momento había que plantearse escribir sobre liderazgo ignaciano para laicos, y muy especialmente para no creyentes. No se olvide de que existe curiosidad entre estos colectivos por el liderazgo ignaciano, y que la labor catequética integradora puede ampararse en el mismo para acercar a estos colectivos a la misión de Dios, al sueño de Dios[5]. Muchos laicos sencillamente no creen, ya sea por prejuicios o porque el mensaje tradicional no les alcanza. En cambio, al poseer una educación cristiana y vivir en una sociedad tradicional e históricamente cristiana, tienen en el cristianismo una forma de ser y principalmente una actitud frente a las demás personas.

Soy consciente de la dificultad de este libro, que se antojará insuficiente y ligero a sacerdotes, y en cambio puede resultar denso para laicos creyentes e imposible para no creyentes. Albergo mis dudas en ser capaz de encontrar el punto de equilibrio para alcanzar con un mensaje a los no creyentes sin rebajar

---

[5] En el Diario Espiritual, Ignacio se refiere en dos ocasiones (números 147 y 284) al «placer de Dios», es decir, que la actuación del hombre genere placer a Dios. Sobre este texto es lectura obligada THIÓ DE POL, S. *La intimidad del peregrino.* Mensajero-Sal Terrae. 2ª edición. 1998. También puede consultarse MARTÍNEZ, E. «Diario Espiritual de San Ignacio. El placer de Dios (de 147 y 284)». *Cuadernos de Espiritualidad.* Centro de Espiritualidad Ignaciana. Perú.

ni mucho menos distorsionar el contenido. Espero que el Señor me oriente y me conduzca a ese lugar.

Pensemos entonces que el liderazgo ignaciano puede ser perfectamente un vehículo de transmisión de la fe, más allá de etiquetas o del mero nominalismo. El líder que dirija una organización desde el humanismo y la bondad, desde la justicia y del cuidado del entorno, está haciendo un ejercicio de cristianismo, aunque no lo sepa. Si –a través del liderazgo ignaciano– somos capaces de imbuirle de espiritualidad y carisma ignacianos, se habrá alcanzado mucho del fin fundacional de la Compañía de Jesús, que es «el servicio de Dios y ayuda de las almas».

El hombre es creado para alabar, hacer reverencia y servir a Dios nuestro Señor y mediante esto salvar su alma. EE 21.

No espere el lector –so pena de decepcionarse– una guía práctica para triunfar en los negocios. Este es un libro religioso y no se puede descontextualizar; es decir, pensar que el liderazgo ignaciano es meramente un método de dirección de organizaciones y nada más que eso. Efectivamente el liderazgo ignaciano es un método, pero es un método basado en la espiritualidad cristiana. Tampoco se espere un tratado completo de liderazgo ignaciano, ni mucho menos una pretensión literaria o historicista. Hay voces más autorizadas para ello como las de José María Guibert, SJ o Chris Lowney, así como los talleres que imparte por medio mundo Elías López, SJ.

Soy plenamente consciente de que mi condición de laico impedirá tratar ciertos aspectos del carisma ignaciano con el rigor y la propiedad con que lo haría un jesuita. Pero no deja de ser cierto que esta misma circunstancia aportará una visión distinta a la convencional, más cercana a la realidad social y profesional que a los laicos nos toca vivir. Dejo a juicio del lector la valoración que haga, apelando a su indulgencia desde este primer momento.

La Compañía de Jesús practica con entusiasmo y esperanza el mensaje de la *misión compartida* del Concilio Vaticano II, formando a laicos en la espiritualidad y el carisma ignacianos. Su objetivo no es una mera colaboración del laicado, sino una auténtica corresponsabilidad en la actividad jesuítica, desde la formación en el carisma ignaciano. Esta es la inmersión laical en el cuerpo de la Compañía por la que apuestan los jesuitas[6]. Un libro sobre liderazgo ignaciano escrito por un laico es una manifestación –conscientemente limitada por las razones que he expuesto– de esa misión compartida.

Mi intención es dirigirme a laicos creyentes, a agnósticos y a ateos, porque los religiosos cuentan ya con fuentes que a los demás nos resultan difíciles de entender y –en algunos casos y momentos– imposibles de practicar. Los textos sobre liderazgo ignaciano que los jesuitas escriben para otros jesuitas y religiosos, en algún momento deben adaptarse a un lenguaje más inteligible para laicos creyentes y –si no convincente– al menos provocador de la sospecha para los no creyentes.

Huiré de resumir textos y ensayos sobre liderazgo ignaciano, pero sí partiré de algunos de ellos para poder formular mis reflexiones.

El liderazgo ignaciano –como decimos– se sustenta en un método; de hecho, San Ignacio se refiere

---

[6] ALCOVER, N. «Los jesuitas ante su futuro. A los 500 años de la herida de Ignacio». *Diario de Mallorca*. Edición de 31 de julio de 2022.

en reiteradas ocasiones a «nuestro modo de proceder». Veamos por tanto si esa metodología que ha resultado exitosa en la Compañía de Jesús durante quinientos años puede ser útil a la sociedad civil del siglo XXI, tan secularizada, que cada vez da más la espalda al cristianismo.

Veamos por consiguiente si ese modo de proceder es válido en el mundo en el que vivimos, y si prospera fuera de la vida estrictamente religiosa. Si conseguimos que laicos y sobre todo no creyentes puedan hacer acopio del modo de proceder ignaciano, aun sin darse cuenta, habremos conseguido algo de valor.

II.- LIDERAZGO

1.- Aproximación etimológica

El liderazgo es la condición de líder y el Diccionario de la Lengua Española[1] define el líder en dos acepciones:

> 1. *m. y f. Persona que dirige o conduce un partido político, un grupo social u otra colectividad.*
>
> 2. *m. y f. Persona o entidad que va a la cabeza entre los de su clase, especialmente en una competición deportiva.*

En consecuencia, el liderazgo se entiende como aquella habilidad de una persona de convertirse en un referente para un grupo, en la dirección de una organización con una autoridad natural, que no se impone, sino que es asumida y respetada por los miembros del grupo.

El liderazgo por consiguiente tiene dos componentes: el activo de quien lo ejerce, que necesita poseer esas habilidades de conductor de grupos; y el pasivo del resto del grupo, que acepta de forma natural el liderazgo de uno de sus miembros, porque admite que el líder es quien vela de forma más efectiva por los intereses del grupo, quien le orienta y dirige de manera más eficaz hacia unas metas y objetivos comunes, en los que todos creen unánimemente.

Tan importante es un aspecto como el otro. El líder debe querer liderar y debe ejercer el liderazgo, sin que haya que descartar que en ocasiones los miembros del grupo le tienen que insistir y rogar

---

[1] Real Academia Española, vigesimotercera edición, 2014.

que acepte ser el líder. Si el supuesto líder se ofrece voluntariamente e insiste con prácticas poco decorosas, es señal de que su liderazgo no es tal. Como tampoco es bueno que un tercero imponga el líder al grupo, o que aquél emane de una votación reñida. En este último caso el liderazgo va a nacer endeble, aunque se puede reforzar a medida que el líder desempeñe su labor y afiance el liderazgo.

En cualquier caso, insisto que el liderazgo es una cualidad que se va consolidando de forma natural en el grupo u organización. Lo cual no significa tampoco que las adhesiones deban ser unánimes e inquebrantables; el líder puede tener críticos en el grupo, que cuestionen sus decisiones, si bien estas voces contrarias deben ser excepcionales o en todo caso minoritarias; de lo contrario el liderazgo se extingue y se suplanta por quien es visto por la generalidad o mayoría del grupo como nuevo líder.

2.- Aproximación conceptual

La sociología y la antropología han analizado con profusión y detalle el fenómeno del liderazgo; de ahí que existan centenares de definiciones doctrinales. No voy a reproducir ninguna de ellas porque considero que nuestro objetivo no es analizar tanto el liderazgo, sino en todo caso ver la base que fundamenta el liderazgo ignaciano.

Con carácter previo, considero oportuno clarificar qué no es liderazgo, porque esta definición negativa nos ayudará a entender el concepto.

En efecto, tengo para mí que existe una notable confusión alrededor del liderazgo, porque se percibe una acusada tendencia a asociar la condición de líder a la de gobernante. No son pocos los estudios históricos del liderazgo que califican como líderes a los dirigentes y detentadores del poder político en cualquier época histórica. Discrepo de tal tesis. Puede que algunos reyes, emperadores, faraones, jefes tribales... fueran líderes, pero no todos ellos lo fueron, porque el liderazgo no es una característica *per se* del jefe. No todo jefe es líder, ni tampoco todo líder se convierte en jefe.

El jefe, valiéndose de su autoridad, impone; mientras que el líder, sugiere y convence. El jefe tiene poca asertividad, todo lo contrario de lo que sucede en el líder. El jefe tiene una visión cortoplacista, apenas existe interacción y el trabajo es monótono; mientras que el líder estimula el trabajo de sus seguidores, influye en un trabajo más creativo, a largo plazo, caracterizado por la innovación y la inspiración[2].

Para definir en positivo el liderazgo, tenemos que partir de un dato indiscutible, cual es de la relación personal o social. *El líder no es líder solitario,* sino que es un líder en relación con un grupo de personas, que son los seguidores. En este sentido, de la misma manera que no se puede identificar líder y jefe, tampoco se pueden confundir los seguidores con los subordinados. Un jefe –ya sea político u organizacional– tiene un mercado cautivo de personas a sus órdenes. En cambio, el liderazgo tiene un componente de naturalidad en el líder, y de voluntariedad en los seguidores.

En sede organizacional, también se tiende a identificar el liderazgo con la gestión o la dirección de la organización; y esto tampoco es cierto. Se puede

---

[2] HUGHES, R., GINNET, R., y CURPHY, G. (Ed). *Liderazgo cómo aprovechar las lecciones de la experiencia*. McGraw-Hill. Méjico, 2007.

dirigir la organización sin liderazgo, como también existen líderes en la organización que no tienen la condición de director. El liderazgo no conoce de jerarquías ni de cargos formales. *Se es líder por la capacidad de influencia,* no porque se ostente una jefatura política o un cargo directivo.

De todo lo anterior, se desprende en consecuencia que el liderazgo consiste en aquella relación entre una persona y otras; una relación que es de influencia, en el sentido que el líder persuade –con su ejemplo y sus recomendaciones o indicaciones– a los seguidores a llevar a cabo determinadas acciones o comportamientos. Es importante destacar que el líder no impone, y que los seguidores aceptan libremente el liderazgo de aquél.

3.- La formación del liderazgo

Mucho se ha escrito acerca de si el líder nace o se hace, es decir, si las habilidades de liderazgo son innatas o si por el contrario el líder las va adquiriendo y desarrollando a lo largo de su vida. Existen teorías y doctrinas en un sentido y en otro, tantas como se quieran. Considero que esta pregunta tiene un interés meramente relativo. Poco importa si fue primero el huevo o la gallina; lo importante es que el líder está al frente del grupo y ejerce su liderazgo en favor de este último.

Personalmente creo que la mayor parte del liderazgo *se va forjando* a medida que el líder se enfrenta a situaciones que le ponen a prueba. No comparto las tesis que defienden que el líder nace y se manifiesta como tal ya desde su infancia. Me temo que estas teorías confunden el liderazgo con el carácter. En efecto, considero que el liderazgo no constituye un gen hereditario y en cambio el carácter sí lo es. Basta observar patrones de conducta en niños de corta edad, que reproducen actitudes de padres y abuelos.

Otra cosa es que a mi juicio el líder deba tener carácter, porque el liderazgo implica tomar decisiones, algunas difíciles y desagradables, para lo cual hace falta tener personalidad. El líder se ve obligado a perseguir aquellas metas beneficiosas para el grupo o para alguno de sus miembros, y para ello debe llevar a cabo actuaciones y reafirmarse. Como también, en sentido negativo, debe oponerse y no tolerar actos de terceros que perjudiquen al grupo. Una persona pusilánime, sin carácter, no puede ejercer liderazgo; sencillamente no sirve para ser líder.

Por ello creo que el carácter es el primer requisito del líder, que puede tener un componente innato, pero que el liderazgo se va adquiriendo y desarrollando con el tiempo.

4.- Clases de liderazgo

Tampoco quiero explayarme en demasía sobre los diferentes tipos de liderazgo, algo que han estudiado otros, que son especialistas en la materia[3].

En función de la persona que desempeña el liderazgo, existen liderazgos religiosos, propios de regímenes teocráticos. En estos casos el líder ejerce su liderazgo por un imperativo religioso, por razones más bien dogmáticas.

También en esta clase personal hay liderazgos políticos, ya sean autocráticos o democráticos. El lí-

---

[3] DAFT, R. *La Experiencia del Liderazgo*. CENGAGE Learning. Méjico, 2006.

der ejerce como tal, ya sea ejerciendo poder político o no; se puede ser líder de un partido político que no ostente responsabilidades de gobierno.

En ambos casos, hablaríamos de un liderazgo carismático, en el que el líder sirve de referente para sus seguidores y ejerce influencia en el comportamiento de estos últimos[4].

En cambio, en función del efecto del liderazgo, existen el liderazgo transformacional, que supone un cambio en la actitud de los seguidores; o el liderazgo transaccional, consistente en un proceso de intercambio entre el líder y sus seguidores[5].

5.- El liderazgo en la historia

A lo largo de la historia y en el seno de la confusión alrededor del concepto de liderazgo, se han ido acuñando etapas caracterizadoras de esta figura.

Así, inicialmente, a principios del siglo XX los estudios definían el liderazgo como una cuestión personal. La «teoría del gran hombre» focaliza su atención en los grandes protagonistas de la historia, defendiendo que nacen con dotes que les identifican con una capacidad innata para expresar poder e influencia sobre la colectividad.

Esta teoría dio paso en los años veinte a la «de los rasgos», que consiste en el lado objetivo de la del gran hombre. Existirían rasgos diferenciadores que

---

[4] MAXWELL, J. «Liderazgo Carismático». *Executive Excellence* núm. 86. 2011. Págs. 22-23.

[5] CONTRERAS, F., y BARBOSA, D. «Del Liderazgo Transaccional al Liderazgo Transformacional: implicaciones para el cambio organizacional» *Revista Virtual Universidad Católica del Norte* núm. 39. 2013. Págs. 152 a 164.

afloran en los líderes, de los que carecen los demás: iniciativa, inteligencia, intuición, y capacidad para prever y persuadir[6].

A continuación, a mediados del siglo XX, la sociología desarrolla la doctrina del comportamiento, según la cual ya no interesa tanto el estudio de las cualidades que componen a un líder, cuanto el análisis de cómo éste actúa respecto a sus seguidores. Para esta teoría, el liderazgo se aprende por imitación, a partir de la observación y práctica del comportamiento de los grandes líderes.

Continuando con la evolución de los estudios sobre el liderazgo, se encuentra la teoría de la contingencia, en la cual, al igual que la teoría del comportamiento, junta las cualidades del líder con las relaciones de los seguidores, pero además le agrega un supuesto más, el cual es la interacción que tienen estos dos con el entorno en el que se desarrollan[7].

Seguidamente, la teoría de la influencia es la que da pie al liderazgo carismático. Según este enfoque, lo importante no es la posición de autoridad del líder, sino sus cualidades y una personalidad que atrae a sus seguidores. De acuerdo con esta enseñanza, el líder es una persona vitalista y entusiasta, filantrópica, que valora a las personas y tiene un estilo propio[8].

Por último, en los años ochenta del siglo XX se desarrolló la teoría de las relaciones, que alberga el

---

[6] LUPANO, M. – CASTRO, A. «Estudios sobre el liderazgo –Teorías y Evaluación» *Psicodebate* núm. 6. 2008. Págs. 107 a 122.

[7] GIRALDO GONZÁLEZ, D. – NARANJO AGUDELO, J. A. *Liderazgo: desarrollo del concepto, evolución y tendencias*. Universidad del Rosario. Bogotá, 2014. Pág. 28.

[8] MAXWELL, J. *Liderazgo… op. cit.* Pág. 22.

liderazgo transaccional y el transformacional que hemos visto.

El transformacional es el tipo de liderazgo ideal, ya que estimula e inspira a los seguidores para la consecución de metas y objetivos, logrando que estos mismos desarrollen la habilidad de dirección; esto se logra alineando los objetivos y metas de la organización con los seguidores, el líder y el grupo de trabajo[9].

6.- El liderazgo orientado a un fin

Habrá que reconocer que existen prejuicios acerca del liderazgo, porque se asocia a un ejercicio del poder, que goza *per se* de mala prensa. El *dictum* de Lord Acton es claro en este sentido: «el poder corrompe y el poder absoluto corrompe absolutamente»[10].

Sin embargo, deben hacerse dos puntualizaciones. La primera es –como hemos anticipado– que el liderazgo no es exactamente coincidente con el poder; el liderazgo tiene más de dirección que de poder. En sede ignaciana veremos que el liderazgo tiene mucho de influencia y de mediación.

Por otro lado, y aunque se asocie al poder, este último no es bueno ni malo por sí mismo, sino neutro y aséptico. El poder será un instrumento que podrá ir

---

[9] BASS, B., – RIGGIO, R. (Ed.). *Transformational Leadership*. New York: Psychology Press. 2006.

[10] DE BLAS GUERRERO, A. «Lord Acton y el pensamiento político liberal» *Sistema: revista de ciencias sociales* núm. 93. 1989. Págs. 29 a 42.

dirigido al bien o al mal, en función de la intención de quien lo ejerza y de sus consecuencias.

Por eso hay que adjetivar el liderazgo, hay que orientarlo a un fin, que en nuestro caso será un liderazgo de discernimiento, en valores, como veremos más adelante.

7.- Crisis actual del liderazgo

Qué duda cabe que vivimos en un tiempo presidido por una importante crisis de liderazgo, entre otros motivos, porque no existen apenas líderes, o al menos líderes con un liderazgo sólido.

Con su habitual visión preclara, Xavier Zubiri ya adelantó a mediados del siglo pasado que la sociedad moderna se había instalado en la finitud. Y, ciertamente, todo se ha vuelto contingente, todo nace con una caducidad muy pronta; a diferencia de hace unas décadas, en que las cosas tenían una vocación no sólo de permanencia, sino incluso de trascendencia.

No hace tanto que los jóvenes tenían referentes a quienes mirar, modelos a los que imitar y seguir sus pasos. Ya fuera en el orden profesional, político, deportivo… los líderes de diferentes ámbitos eran conscientes de la necesidad de una conducta ejemplar que procuraba imitación y experiencia a los demás[11]. En cambio, los referentes actuales para niños y jóvenes son *youtubers* e *influencers*, cuya misión en la vida consiste en expresar su opinión, que es

---

[11] GOMÁ LANZÓN, J. *Imitación y experiencia. Tetralogía de la ejemplaridad*. Editorial Debolsillo. Madrid, 2019. 632 páginas.

seguida en un alarde de seguidismo por miles de personas.

En política sucede otro tanto. Los líderes de la Transición española y los primeros años de la democracia han dado paso a una generación con discutible formación académica y una relativa perspectiva del interés general de los ciudadanos; todo ello dicho en términos generales y siendo consciente de que las generalizaciones admiten excepciones. En el plano internacional es muy difícil encontrar «hombres de Estado», con la perspectiva de sentirse observados por la historia. A grandes rasgos, sólo triunfa el tacticismo.

Con este panorama resulta imposible encontrar líderes; a lo sumo, existen personajes públicos, gobernantes... pero su capacidad de influencia es mínima porque carecen de liderazgo. Esta notoria crisis de liderazgo plantea la necesidad de un liderazgo sólido y noble, basado en valores de convivencia y con una clara vocación transformadora; de ahí la importancia del liderazgo ignaciano.

8.- ...y, sin embargo, existe un interés por el liderazgo

Hoy en día el liderazgo reviste un interés notable, y de hecho las escuelas de negocios enseñan liderazgo a quienes se forman como directivos empresariales, los partidos políticos y sindicatos imparten cursos de comunicación y liderazgo, multinacionales hacen lo mismo, y en definitiva el liderazgo despierta la atención de mucha gente.

Resulta evidente que el liderazgo tiene importancia en entornos organizativos, grupales. En un contexto de individualidad el liderazgo no tiene sentido, aunque –como veremos más adelante– el líder tiene que serlo de sí mismo. Por el contrario, es en el seno de una organización donde el liderazgo deviene imprescindible, porque *esa entidad no puede dotarse de un líder que carezca de liderazgo*. Las tensiones y los conflictos harán irremediablemente que aflore un líder natural de entre el grupo o que sus miembros decidan buscar un líder fuera de aquél.

En cualquier caso, como decimos, *el líder integra una función de dirección del grupo*. De ahí que el liderazgo sea una habilidad directiva, que persigue que el grupo actúe de manera coordinada, consciente de la importancia de su trabajo, y de los objetivos que trata de alcanzar (que deben ser cuantificables en la medida de lo posible).

El líder tiene que dar ejemplo al grupo, desde su cualificación profesional, hasta muy especialmente su dedicación y responsabilidad. Los integrantes del grupo no pueden percibir que al líder le resulte indiferente el trabajo que desarrollan, las dificultades que se encuentran... La dedicación del líder tiene que ser plena, y sin duda próxima a la actividad de cada miembro; lo contrario es demoledor.

Asimismo, el líder –porque tiene que motivar al grupo– necesita dotarse de psicología y más en concreto de *psicología emocional*, de manera que su cercanía no sólo debe ser laboral o profesional, sino también humana y afectiva. El líder tiene que saber escuchar, pero también tiene que saber preguntar, interesándose por las cuestiones que afectan a los miembros y compartir alegrías (los buenos resultados académicos de un hijo), o penas (estado de salud de un familiar), etc.

El liderazgo va asociado a la labor de dirección de un grupo, a la función de hacer que la organización actúe de manera coordinada. Por ello el líder necesita unas dotes que irá aprendiendo a medida que vaya madurando como persona. El líder necesita identificar los problemas, anticipándose todo lo que pueda en la búsqueda de soluciones y en definitiva tratar de evitar las crisis; ha de implicarse como el que más, sin que pueda admitirse que el grupo no le vea comprometido; debe ordenar sin imponer, desde la razonabilidad y en algún caso la persuasión; ha de saber delegar y confiar en los miembros del grupo; no puede eludir su responsabilidad, sino que al contrario, en caso de duda, es quien debe asumirla y no permitir un sentimiento de culpa en los miembros de la organización; necesita ser un buen comunicador, lanzando mensajes (verbales y no verbales) en el momento adecuado, porque *el líder igualmente debe controlar los tiempos;* y desde luego ha de construir las relaciones desde el respeto y el afecto.

El liderazgo se ejerce desde la humildad, que es un estilo de vida[12]. Si no se es humilde, no se ejerce liderazgo, sino poder, y el poder es pasajero. El liderazgo tiene una solidez que no tiene el poder, de manera que se admite como natural por todo el grupo, sin necesidad de que al líder se le revista de poder.

Por eso el liderazgo tiene una permanencia anclada en la solidez y la verdad; el liderazgo sobrevive al líder, que es mortal y por ello transitorio. Su recuerdo, fruto del liderazgo, permanece en el tiempo.

Asimismo, hay que tener presente que el liderazgo está orientado al cambio, *no puede ser sino transformacional,* porque en la labor de dirección anida una voluntad de alcanzar metas, y de impedir que las cosas se hagan de cualquier manera, por inercia o

---

[12] PALACIOS, I. J. *Eremitas.* Palmyra. Madrid, 2007. Pág. 183.

con un resultado indiferente. El liderazgo se basa en una estrategia, valora los medios para alcanzar un fin concreto. De ahí que el liderazgo *a su vez se base en el discernimiento*, que es un elemento netamente ignaciano.

En efecto el líder necesita una permeabilidad constante con el exterior, con las circunstancias y el entorno, que pueden ser cambiantes; debe ser consciente de que el viento pueda convertirse en favorable o desfavorable, que entre algún miembro del grupo pueda crecer el desánimo o tenga un problema personal.

Por ello el liderazgo debe *combinar la reflexión y la acción como un todo*, es decir, la reflexión en la acción, o –dicho de otro modo– la acción en la reflexión continua. De la misma manera que el líder, por estos motivos, necesita escuchar y contemplar, si bien una vez más desde la acción: la escucha activa y la contemplación activa.

Por último, el líder debe ayudar a los miembros del grupo a ser líderes, a crecer en liderazgo, de manera que les debe procurar ayuda en el discernimiento, en la reflexión, en la valoración continua del contexto, de la consecución de resultados... es decir, debe implicar a los miembros del grupo en el liderazgo, que será *un liderazgo compartido*. Qué mejor forma de motivar al grupo que haciendo que sus integrantes participen del liderazgo, asuman el interés de la organización como propio.

En este sentido el liderazgo alcanza su plenitud cuando el líder tiene la inteligencia suficiente como para *dejarse liderar e integrarse en una misión común*. El líder es alguien que forma a otros líderes, sin miedo a ver su liderazgo capitidisminuido; al contrario, el acompañamiento en liderazgo a los miembros del grupo hace más fuerte al líder, le acrecienta su liderazgo.

Es por ello por lo que el liderazgo no se entiende sin el auto liderazgo, porque el líder tiene que comenzar siendo (1) *líder de sí mismo*. El punto de partida arranca en conocerse a sí mismo, en estudiarse y mejorarse. El líder somete a reflexión continua su liderazgo, sus aciertos y sus errores, sus fortalezas y sus debilidades.

Cuando el líder lo es de sí mismo, puede comenzar a serlo (2) *de los demás*, y dirigir al grupo. En última instancia el líder será (3) *líder para los demás* y su tarea consistirá en hacer crecer en liderazgo a los componentes del grupo.

III.- CARISMA IGNACIANO

El liderazgo ignaciano deriva lógicamente del carisma ignaciano, que podemos definir como la forma de entender la vida que diseñó San Ignacio, a partir de la imitación de la vida de Jesucristo. En sus escritos el fundador de la Compañía de Jesús se refiere a *«el modo nuestro de proceder»*, de manera que el carisma de los jesuitas es aquello que los distingue de otras órdenes contemporáneas[1].

Ni el liderazgo ni el carisma pueden entenderse sin la figura de San Ignacio, porque –al decir de Arturo Sosa, SJ– *«la Compañía de Jesús es el fruto de un largo proceso que se inicia en la persona de San Ignacio de Loyola»*[2]. Por ello, con carácter previo resulta inexcusable referirse aun de modo sucinto a la biografía de San Ignacio y a su obra de los Ejercicios Espirituales.

1.- Apunte biográfico de San Ignacio de Loyola

Ciertamente la vida de Ignacio de Loyola marca por completo la constitución de la Compañía de Jesús. Para el P. Jerónimo Nadal, SJ[3], *«la forma de la*

---

[1] ARRUPE, P. *El modo nuestro de proceder.* 1979.

[2] SOSA, A. «El modo nuestro de proceder» *Revista SIC.* Centro Gumilla. Venezuela, 1991. Pág. 108.

[3] Jerónimo Nadal Morey (Binibassí, Mallorca, 1507 - Roma, 1580) fue un sacerdote que, después de cursar estudios en Alcalá de Henares, conoció a Ignacio en la Universidad de La Sorbona en París y se convirtió en estrecho colaborador y secretario de aquél. Perteneció al grupo de fundadores de la Compañía, de la que fue Vicario General en 1541. Fue Rector del colegio que los jesuitas fundaron en Mesina, donde tuvo ocasión de redactar las reglas que se convirtieron en la *Ratio studiorum* de la Compañía.

Compañía está en la vida de Ignacio»[4]. Por ello en cualquier estudio jesuítico –y no digamos ignaciano– resulta obligado partir de la biografía de San Ignacio como referente inexcusable[5].

Como se puede comprender, a lo largo de casi quinientos años no son pocas las biografías existentes sobre el fundador de la Compañía, todas ellas de gran calidad y fidelidad. Sin embargo, la fuente más autorizada consiste en su propia autobiografía, que dictó al P. Luis Gonçalves da Cámara poco antes de su muerte y que se conoce como *El peregrino*[6].

La *Autobiografía* no puede leerse como una vida de una persona al uso, sino que debe interpretarse en clave del carisma ignaciano, y desde esta perspectiva consiste en una narración de cómo Dios habría guiado a Ignacio desde el primer estadio al último, desde la búsqueda de la fama terrenal a la

---

Fue el colaborador de Ignacio que le insistió durante años para que dejara escrita su autobiografía. Y a él se debe la denominada *Biblia Natalis*, que consiste en una Biblia ilustrada por los grabados de los hermanos Johan y Hieronymus Wierix, Adriaen Collaert y otros, publicada en Amberes en 1593. La Biblia ilustrada era en aquella época un elemento pedagógico especialmente para analfabetos. Para un estudio riguroso de este jesuita, *vid*. NADAL CAÑELLAS, J. SJ. *Jerónimo Nadal. Vida e influjo*. Mensajero– Sal Terrae. 2007.

[4] Monumenta Historica Societatis Iesus Nadal V-I, págs. 268 y 287.

[5] Entiende Guibert que, «para presentar lo que llamamos liderazgo ignaciano, lo mejor es conocer la vida de San Ignacio porque esta vida determina y explica las características principales de ese estilo de liderazgo». GUIBERT, J. M. *Diccionario de liderazgo ignaciano*. Mensajero. Madrid, 2014. Pág. 84.

[6] *El peregrino. Autobiografía de San Ignacio de Loyola*. Introducción, notas y comentario por Josep M. Rambla Blanch, SJ. Mensajero-Sal Terrae. Universidad Pontificia Comillas. Madrid, 2015. 253 págs.

persecución de la devoción, del gusto por las armas hasta una facilidad natural para encontrar a Dios[7]. La vida de San Ignacio es muy novelesca[8]; presenta un punto de inflexión, cual es la conversión, tránsito de una dedicación militar hacia la transformación espiritual y la consolidación de la «contemplación en el amor».

Íñigo López de Loyola nace en Azpeitia el 23 de octubre de 1491; en la Iglesia parroquial de la localidad, dedicada a San Sebastián de Soreasu, se conserva la pila en la que recibió el sacramento del Bautismo. Nos encontramos en una España, aunque formalmente unificada con las Coronas de Castilla y Aragón a raíz del matrimonio en 1469 de los Reyes Católicos, en la práctica muy dividida e inmersa en batallas. Particularmente los territorios de Álava, Vizcaya y Guipúzcoa se hallan sumidos en las guerras de bandos o banderizas, en las que luchan nobles contra campesinos, la nobleza contra las villas y la nobleza contra sí misma.

Las dos primeras guerras de bandos tenían un móvil estrictamente económico: la pujanza de las villas iba en detrimento del campo, que controlaban los nobles a través de sus fincas. El abandono de las tierras por parte de los campesinos para mudarse a las villas afectaba a la supervivencia de los señoríos. En cambio, la tercera, la guerra entre linajes, era consecuencia de las anteriores y perseguía el poder en sí mismo. Dos eran las familias enfrentadas: los linajes

---

[7] O'LEARY, B. «El misticismo de San Ignacio de Loyola» *Revista de Espiritualidad Ignaciana* núm. 116. 2007. Pág. 82.

[8] Como novela histórica, *vid.* LAMET, P. M. *El caballero de las dos banderas. Ignacio de Loyola.* Mensajero. 2ª edición. Madrid, 2017.

de Gamboa y de Oñaz. Apoyaban a los gamboínos los linajes de Guevara, Balda, Elgueta, Olaso, Abendaño, Salazar, Ayala, Leguizamones y Bañez, estando aliados con el Reino de Navarra. En cambio entre los oñacinos se encontraban las familias de Mendoza, Loyola, Lazcano, Mújica, Butrón, Emparan, Unzueta, Calleja, Zurbarán y Guraya, vinculados a la Corona de Castilla.

Debemos situar en consecuencia el nacimiento de Ignacio en su contexto: nace como hijo del Señor de Loyola, aliado de los oñacinos y enfrentado a los gamboínos, y muy cercano a la Corona de Castilla. No en vano, siendo un crío de doce años, fue enviado por su padre a trabajar en la Contaduría Real de la Corte en Valladolid. A los pocos años regresó a Azpeitia y se incorporó a la guerra de bandos. En mayo de 1521, contando con treinta años de edad, resultó herido en el sitio de Pamplona, defendiendo la ciudad de las tropas de Enrique II de Navarra. Parece ser que una bala de piedra de grandes dimensiones, lanzada por una catapulta, le pasó por entre las piernas y le golpeó una de ellas.

Este hecho es el que motivará su conversión, porque fue trasladado a la casa familiar, y allí, postrado durante meses, combatió el aburrimiento con las dos lecturas que tuvo a su alcance: una Vita Christi Cartujana[9] y la recopilación de vidas de santos de Jacobo de la Vorágine titulada La Leyenda áurea[10].

Entonces acontece la conversión. Ignacio se sumerge en las lecturas, estudia, se asoma a su

---

[9] Se conoce como Vita Christi Cartujana la obra escrita por el primero dominico y luego monje cartujo Ludolfo de Sajonia (1370-1378), que pertenecía a la Cartuja de San Miguel de Maguncia y posteriormente de Estrasburgo. Esta Vida de Jesús, compuesta a partir de los cuatro Evangelios, fue muy conocida

ventana y le canta a la Virgen de Olatz, cuya ermita se divisa desde la torre familiar. Sufre una profunda transformación y se convierte en otra persona. Decide dejar su vida anterior y emprender un nuevo camino. Se encierra una noche en una habitación y él mismo se conduce en una ceremonia iniciática: se despoja de armaduras y ropajes propios de un soldado, y se viste con un simple y pobre sayal. De hecho a partir de entonces se le conocerá como el hombre del sayo o del sayal.

Abandona Loyola y emprende un viaje, solo y a pie, hacia el monasterio de Monserrat. Solo y a pie es otra característica que define la vida de Ignacio: toda su gesta, su peregrinación por media España, París, Venecia, Roma, y su estancia en Jerusalén, la fundación de la Compañía de Jesús, todo lo lleva a cabo solo y a pie[11]; eso sí, en el camino va haciendo compañeros que son «amigos en el Señor».

De Monserrat se traslada a Manresa y se instala en una cueva, en la que redacta lo medular de los Ejercicios Espirituales, de los que hablaremos más adelante. Visita Alcalá de Henares y Salamanca, donde es detenido por la Inquisición y encarcelado en una de las torres de la Catedral. Regresa a Manresa y de ahí –insistimos, todo ello solo y a pie– se dirige

---

en la Europa del siglo XV, e influyó –como veremos– en los Ejercicios Espirituales de San Ignacio.

[10] El dominico Jacobo (o Santiago) de la Vorágine, arzobispo de Génova, escribió esta compilación de la vida de cerca de dos cientos santos, que se convirtió en una obra muy conocida en la Edad Media, y prueba de ello es que existen muchos manuscritos elaborados en abadías y monasterios.

[11] TELLECHEA IDÍGORAS, J. I. *Ignacio de Loyola, solo y a pie*. Ediciones Sígueme. Salamanca, 2004. 430 págs.

a París con la intención de estudiar en el Colegio de Santa Bárbara, dependiente de la Universidad de La Sorbona. Allí conoce a un grupo de estudiantes que se convertirán en los primeros jesuitas: Francisco Javier, Pedro Fabro, Diego Laínez, Nicolás de Bobadilla, Alfonso Salmerón, Simao Rodrigues... Como apunte repárese que los orígenes de Francisco Javier son muy similares a los de Ignacio: Francisco de Jaso y Azpilicueta nació en 1506 en el Castillo familiar de Javier, en el Reino de Navarra, de manera que las dos familias estaban enfrentadas; ello motivó que los inicios de la relación de amistad en París entre Ignacio y Javier fueran tensos.

El día de La Asunción de 1534 los siete fundadores emitieron los tres votos en la Capilla del Martirio de Montmatre, y decidieron viajar a Tierra Santa. Se incorporaron al grupo tres jóvenes franceses: Claudio Jayo, Jean Coduri y Pascasio Bröet. Y los diez se dirigieron a Venecia con la idea de embarcar hacia Jerusalén. Sin embargo, la guerra con el Imperio Otomano se lo impidió y por ello se desplazaron a Roma. Allí deciden fundar la Compañía de Jesús. El Papa Paulo III firmó la bula *Regimini militantis ecclesiae* (Por el gobierno de la Iglesia militante) el 27 de septiembre de 1540. Inicialmente la bula limitaba el número de jesuitas a sesenta, si bien la bula *Injunctum nobis* (14 de marzo de 1543) revocó esta limitación numérica.

Pese a resistirse en dos ocasiones, Ignacio fue elegido General de la Compañía. Envió a sus miembros a fundar colegios, universidades y seminarios porque creía fielmente en la formación y la educación. La Compañía se extendió en muy poco tiempo por todo el mundo, creciendo exponencialmente el número de jesuitas[12]. Con la ayuda de su secretario Juan Alfonso de Polanco, escribió las *Constituciones jesuitas*, aprobadas en 1554. Falleció en Roma el 31 de julio de 1556, recibiendo sepultura inicialmente en Santa Maria della Strada, y posteriormente fue trasladado a la Iglesia de Il Gesú. Dejó un legado espiritual de incalculable valor, recogido en documentos y correspondencia[13].

2.- Ejercicios Espirituales

Como decimos, los EE.EE. son la obra cumbre de San Ignacio y su principal legado. Posiblemente sean el texto espiritual más importante de los últimos quinientos años. Consisten en meditaciones, oraciones y reflexiones que realiza el ejercitante, bajo la orientación de un director y siguiendo una metodología estricta, para descubrir la voluntad de Dios en uno mismo:

> *Buscar y hallar la voluntad divina en la disposición de su vida* (EE 1).

San Ignacio los define como «*todo modo de examinar la conciencia, de meditar, de razonar, de contemplar; todo modo de preparar y disponer el alma, para quitar todas las afecciones desordenadas (apegos, egoísmos...) con el fin de buscar y hallar la voluntad divina*» (EE 1).

Es decir, los Ejercicios consisten en un proceso a través del cual la persona se sumerge en la experien-

---

[12] O'MALLEY, J. W. *Historia de los Jesuitas. Desde Ignacio hasta el presente*. Mensajero. Bilbao, 2014.

[13] AA.VV. *Escritos esenciales de los primeros jesuitas*. Mensajero-Sal Terrae-Universidad Pontificia Comillas. Madrid, 2017.

cia de transformación interior que emana de ellos, a la manera de una *escuela de los afectos*[14].

Para la Compañía de Jesús los Ejercicios son un elemento básico de formación en la espiritualidad y el carisma ignacianos:

> *En la pedagogía de los Ejercicios, Jesús nos invita a ver en su vida terrena el modelo de la misión de la Compañía: predicar en pobreza, estar libres de ataduras familiares, ser obedientes a la voluntad divina, tomar parte en su combate contra el pecado con una generosidad total.* CG 34, D. 2, n. 4.

En principio la tanda de EE.EE. tiene una duración de 28 días, aunque pueden adaptarse a otros espacios temporales, superiores o inferiores. Asimismo, lo normal es que el director o acompañante sea un jesuita, aunque comienza a ser frecuente que los dirijan clérigos y laicos formados en el carisma ignaciano[15].

Los EE.EE. no son exclusivos de la Compañía de Jesús (forman parte del noviciado de cualquier aspirante a ser jesuita) sino que son extensivos a cualquier religioso y a laicos. Lo suyo es que sean presenciales, aunque las nuevas tecnologías hacen posible que se puedan seguir a distancia, por internet, con mayor duración que las cuatro semanas, y sin abandonar la vida ordinaria. Se denominan *Ejercicios en la Vida Cotidiana*, y ya San Ignacio en pleno

---

[14] Comisión de Liderazgo Ignaciano Red de Pastoral AUSJAL. 2017-2018. Liderazgo Ignaiano: nuestro modo de proceder. Editora: Aurora Zarzosa Percero. Pág. 30.

[15] El concepto de director de Ejercicios ha quedado superado por el de acompañante, que expresa mejor el sentido de quien se convierte en vehículo para que el ejercitante viva su experiencia transformadora.

siglo XVI pudo prever que no todo el mundo tuviera disponibilidad para un retiro de cuatro semanas[16].

Las dos condiciones principales de los Ejercicios son *el silencio y la soledad*; así fueron concebidos por San Ignacio en la cueva de Manresa. Durante todo el tiempo de los Ejercicios, el ejercitante se halla en silencio, sin poder hablar ni siquiera durante los momentos de descanso o las comidas.

El silencio es fundamental en la vida de un creyente, no tanto porque en la vida es muy importante saber escuchar (casi más que hablar), sino porque el silencio permite la contemplación y en definitiva la unión con Dios[17]. San Ignacio se refiere a la «contemplación para alcanzar amor».

El silencio no significa el vacío; el ejercitante que se halla en silencio no es ajeno a la concentración y seguimiento que exigen los Ejercicios. Por el contrario, el silencio de los Ejercicios es un silencio pleno,

---

[16] San Ignacio de Loyola, ed. (2010). *Ejercicios Espirituales* (8ª edición). España: Edapor. p. 15. «Al que estuviere demasiado ocupado en asuntos de gobierno o negocios convenientes, si es culto y de talento, tomando una hora y media para ejercitarse, hablándole de para qué es el hombre criado, se le puede dar asimismo por espacio de media hora el examen particular, y después el mismo general, y modo de confesar y comulgar; haciendo tres días cada mañana por espacio de una hora la meditación del primero, segundo y tercer pecado (n.45); después otros tres días a la misma hora la meditación del proceso de los pecados (n.55); después por otros tres haga la meditación de la penas que corresponden a los pecados 9n. 65); y se les darán en las tres meditaciones las diez adiciones (n. 73), siguiendo en los misterios de Cristo nuestro Señor el mismo modo de proceder que se declara más adelante a lo largo de los mismos Ejercicios.»

[17] Bauzá Martorell, F. J. *La experiencia eremítica en Mallorca y sus antecedentes históricos.* José J. de Olañeta, editor. Palma de Mallorca, 2016.

sólido, consistente; de ahí que se hable del *silencio sonoro*, no tanto como un juego de palabras, sino como indicativo de que el silencio se halla acompañado por el Espíritu.

Al mismo tiempo, aunque los Ejercicios se celebren en grupo, el silencio hace que el ejercitante se halle solo; en los descansos, al no poder hablar, el ejercitante está solo. Pero de la misma manera que el silencio es sonoro, *la soledad se encuentra acompañada*, no tanto por el director, sino por el Espíritu y por Dios.

Silencio sonoro y *soledad acompañada* son en consecuencia las dos condiciones esenciales de los EE.EE., que suponen en la práctica una transformación, una renovación interior, un nacer de nuevo, un nacer a nueva vida. Silencio y soledad convierten los Ejercicios en una *conversación espiritual*[18], en un diálogo de almas, dentro de ese proceso de conversión e iluminación que experimenta el ejercitante.

Por lo demás San Ignacio define los EE.EE. en su preámbulo como *«escuela de perfección»*, *«escuela de elección»*, o *«taller de conversión»*, porque efectivamente suponen un punto de inflexión en la vida de un creyente, una auténtica transformación que pasa por eliminar los apegos y desórdenes para encontrar a Dios.

Es capital la figura del acompañante de los Ejercicios. San Ignacio insiste en que el verdadero director es el Espíritu, de manera que el jesuita o laico que los dirija (San Ignacio se refiere a él como *«el que da los Ejercicios»*) debe limitarse a sentar las pautas para

---

[18] CLANCY, T. H. *The Conversational Word of a God: A Commentary on the Doctrine of St. Ignatius of Loyola concerning Spiritual Conversation.* St. Luois Institute of Jesuit Sources. 1978.

que el ejercitante discurra, hacerle discernir, y dejar que sea el Espíritu quien dirija al ejercitante. San Ignacio se refiere en su Autobiografía a la «*experiencia del Espíritu*».

Así las cosas, en la **primera semana** el ejercitante toma conciencia de sus desórdenes vitales, pidiendo una auténtica conversión amparada por la misericordia divina. Visualiza su pequeñez ante la inmensidad de su Majestad divina; sale de sí para conformarse con el Señor, busca la consolación.

La **segunda semana** es la del seguimiento a Jesús, la vivencia de un testimonio profundo. Sólo se puede entender a Jesús siendo discípulo suyo, y el acercamiento únicamente se consigue desde la humildad. En ella el ejercitante lleva a cabo tres meditaciones: la de las dos banderas, dirigida a iluminar el entendimiento y a procurar el discernimiento; los tres binarios, que confirma la disposición de la voluntad; y las tres maneras de humildad, que genera en el ejercitante un afecto radical a Jesucristo.

La **tercera semana** es la de la contemplación de la Pasión y Muerte: salir de uno mismo para seguir a Jesús, compenetrarse con Él. Existe un momento de consolación, que consiste en revivir la decisión que toma Jesús en la Última Cena, que le conducirá a la pasión y muerte.

La **cuarta semana** es la de la resurrección espiritual, la alegría y gozo de nacer de nuevo, que conduce a la Contemplación para alcanzar Amor. Aquí se concibe la combinación entre don y tarea: la actitud del creyente no puede ser meramente contemplativa, sino que debe dirigirse a través de la acción. Contemplación en la acción. Para San Ignacio,

Será aquí pedir conocimiento interno de tanto bien recibido, para que yo, enteramente reconosciendo, pueda en todo amar y servir a su divina majestad [233].

Esta expresión de *en todo amar y servir* resume el legado de San Ignacio: se trata de poner amor en todas las cosas, y poder servir en todas las cosas a Dios, para que nuestro amor se convierta en servicio y que nuestro servicio sea todo amor.

Todo ello sin olvidar que el protagonismo de Jesucristo en «hallar la voluntad divina», puesto que en todo acompañamiento es el Referente principal. Ignacio le pide a María «que le ponga con su Hijo». El Principio y Fundamento se pone como fin la Contemplación para alcanzar Amor a través de la segunda, tercera y cuarta semanas. El método no encaja sin la referencia concreta al Evangelio: ahí radica «nuestro modo de proceder, Jesucristo».

IV.- LIDERAZGO IGNACIANO

A partir del carisma ignaciano y de los Ejercicios Espirituales, el liderazgo ignaciano se encuentra prácticamente definido: el liderazgo ignaciano será un liderazgo en valor[1], según «nuestro modo de proceder», desde el Principio y Fundamento, basado en el «en todo amar y servir» y en la Contemplación para alcanzar Amor. En esto se resume el liderazgo ignaciano, un liderazgo desde la espiritualidad ignaciana[2] para cumplir la voluntad de Dios sobre el «conocimiento interno del Señor para que más le ame y le siga» (EE 104), y de esta manera ayudar a los demás a alcanzar su plenitud.

No obstante, vamos a analizar las claves que integran el liderazgo ignaciano, no sin antes explicar cómo el liderazgo ignaciano ha adquirido importancia en la vida social y empresarial.

1.- El descubrimiento del liderazgo ignaciano

Los estudios sobre liderazgo ignaciano se deben principalmente a Chris Lowney (Nueva York, 1958), quien fue novicio jesuita durante siete años hasta que abandonó el noviciado y se incorporó como directivo a la firma JP Morgan.

Conocedor por razones obvias de los Ejercicios Espirituales y de la biografía de San Ignacio, Lowney

---

[1] Para Adolfo Nicolás, «no hay que tener miedo a ser un líder con valor». NICOLÁS, A. *Liderazgo ignaciano*. Colección Pensamiento Jesuítico núm. 3. Instituto de Estudios Superiores de Occidente. Méjico, 2014. Pág. 17.

[2] GUIBERT, J. M. *El liderazgo ignaciano. Una senda de transformación y sostenibilidad.* Sal Terrae. Maliaño, 2017.

descubrió que el sector privado, el mundo de los negocios, las finanzas, etc. hacía acopio de métodos muy próximos al «modo de proceder» de los jesuitas. En otras palabras, comprobó que *los pilares de la esencia jesuita cimentaban la organización y funcionamiento de grandes empresas y multinacionales, especialmente en la toma de decisiones.*

En consecuencia, Chris Lowney comenzó a escribir sobre liderazgo ignaciano y puso en circulación el método del discernimiento, aplicado a la sociedad civil.

Todas sus obras han despertado interés, pero posiblemente su libro más celebrado sea *El liderazgo de los jesuitas*[3] (Comillas – Sal Terrae, 2ª edición, 2003; traducción de Isidro Arias Pérez).

A lo largo de doce capítulos Lowney explica que el liderazgo de los jesuitas en la historia y en el mundo se asienta sobre cuatro claves: autoconciencia, ingenio, amor y heroísmo.

La *autoconciencia*, que es una manifestación del discernimiento aplicado a uno mismo, es un concepto netamente ignaciano, porque sólo a través del conocimiento de uno mismo se puede «ordenar la propia vida».

El *ingenio* es una característica intrínseca al liderazgo: no es posible dirigir equipos si no se hace desde la inteligencia. Hemos visto que el liderazgo es cuestión de estrategia, y por ello el ingenio es el

---

[3] Otras ediciones titulan esta obra como El liderazgo al estilo de los jesuitas.

que permite alcanzar un fin con medios casi siempre escasos.

De la misma manera no podemos dudar del *amor* en el carisma ignaciano, que tiene en su basamento al amor como elemento nuclear. En todo amar y servir es una de las expresiones que sintetiza y concentra todo el ideario de San Ignacio, como hemos dicho.

Por último, el mensaje ignaciano es el de la misión de Dios, el sueño de Dios para cada uno de nosotros, de manera que esa vocación (y acción) transformadora del mundo suponen una *heroicidad indiscutible.* Para Lowney los líderes indiscutibles conciben lo imposible... ¡y lo alcanzan!

En cualquier caso, particularmente el capítulo que más me seduce de este libro es el primero, en el que el autor explica sus sucesivas transformaciones al hilo del liderazgo ignaciano: pasa de ser un estudiante universitario a novicio jesuita, lógicamente ejercitante y como tal sumergido en el carisma ignaciano. A continuación, abandona el noviciado e ingresa en una multinacional como agente de un banco de inversiones. Un viernes por la tarde su vida se inspiraba en el mensaje ignaciano de «amar la pobreza como la fuerte muralla que defiende la vida religiosa» y el lunes por la mañana un director ejecutivo de la firma le invitaba a ser «asquerosamente rico».

Sin embargo, su formación jesuítica –que dio muestras de una gran solidez– le permitió apreciar que la preocupación de JP Morgan era la de seguir siendo el número uno en un sector altamente competitivo. De ahí que Lowney descubriera el liderazgo en la empresa, y más concretamente elementos comunes con el liderazgo ignaciano.

Chris Lowney trabajó durante diecisiete años en JP Morgan y a día de hoy es asesor del Catholic Medical Mision Board de Nueva York.

2.- El liderazgo en Ignacio de Loyola

Ignacio de Loyola no habla de liderazgo, no lo menciona en sus textos; pero él entiende la forma de *dirigir la vida hacia Dios desde un liderazgo,* que presenta una serie de cualidades.

A.- *Contemplación en la acción*

En primer lugar, la premisa fundamental en San Ignacio es la dejarse llevar por Dios, dejar que Él actúe en la vida de cada uno; incluso en el Acompañamiento, veremos cómo Ignacio también relega al acompañante a la función de mediador, para hacer posible que sea el Espíritu Santo quien vaya trabajando en la vida del acompañado.

San Ignacio lo expresa de manera clara en los Ejercicios:

> *en los tales ejercicios espirituales es más conveniente y mucho mejor, al buscar la divina voluntad, que el mismo Creador y Señor se comunique al alma devota suya, abrazándola en su amor y alabanza, y disponiéndola para el modo de vivir en que mejor podrá servirle en adelante. De manera que el que los da no se decante ni se incline a una parte ni a otra, sino estando en medio como el fiel de la balanza, deje obrar, sin intermediario, al Criador con la criatura y a ésta con su Criador y Señor. EE, 15.*

De ahí que para Ignacio las dos premisas fundamentales en la vida del cristiano sean la *contempla-*

ción y la *acción*, pero perfectamente combinadas. La contemplación en la acción es la mejor manera de dirigirse a Dios, de dejar que el Señor guíe la actuación de cada uno. Por eso hay que ser contemplativo, pero no sólo contemplativo; de hecho, Ignacio huía de la vida solitaria. La contemplación debe estar asociada a la acción, al *magis* ignaciano.

Ignacio, en su relación con Dios, se siente sabiamente ignorado. Y esto no es juego de palabras, sino la definición de seguir a Dios, siempre por detrás, para dejarse iluminar en cada paso para dar otro más. Por eso la acción forma parte de la contemplación, porque la visión espiritual de Ignacio no es estática, sino un continuo movimiento hacia el Señor, hacia el cumplimiento de la voluntad divina.

Sabiamente ignorado se refiere a que se es consciente de la limitación propia y la majestuosidad de Dios (el Principio y fundamento de los Ejercicios), pero al mismo tiempo se es consciente de esta ignorancia.

> *«El hombre es criado para alabar, hacer reverencia y servir a Dios nuestro Señor y, mediante esto, salvar su ánima...»* EE 23.

Contemplación en la acción resume a la perfección el ideario ignaciano: el cristiano debe ser consciente de la realidad, pero a la vez debe tener el ímpetu de querer transformarla. Sólo la acción humana puede cambiar los desafectos por los afectos.

> *Las desigualdades y las injusticias no pueden ya ser percibidas como el resultado de una cierta fatalidad natural: se las reconoce más bien como obra del hombre y de su egoísmo... a pesar de las posibilidades abiertas por la técnica se hace más claro que el hombre no está dispuesto a pagar el*

precio de una sociedad más justa y más humana.
CG 32, D. 4, ns. 27 y 20.

La integración de la contemplación en la acción forma parte del interés de Ignacio de Loyola por fusionar habilidades; nunca fue Ignacio excluyente de característica alguna que derive del discernimiento. No en vano también predica la necesidad de integrar vida y misión. De hecho, el liderazgo ignaciano se inspira en el deseo de integrar la vida con la misión de justicia y reconciliación.

> *Para los primeros compañeros, vida y misión, radicadas en una comunidad de discernimiento, estaban profundamente interrelacionadas.* CG 36, D.1, n. 5.

En este sentido, el liderazgo en Ignacio de Loyola consiste en dejarse liderar por el Señor, en los valores del Evangelio; seguir a Jesús siempre por detrás, «sin adelantarle el paso»[4].

B.- *Características del liderazgo en Ignacio de Loyola*

Son los adjetivos los que en muchas ocasiones contribuyen a definir un concepto. El caso del liderazgo no es una excepción. Y así, podemos entender mejor el liderazgo si enumeramos sus características principales.

Por de pronto, el liderazgo es un *liderazgo espiritual,* porque su principal misión consiste en el acercamiento a Dios, en convertirse en un instrumento de

---

[4] Expresión tomada de Elías López, SJ, en el taller de liderazgo ignaciano impartido en la Casa de Espiritualidad San Alonso Rodríguez, Palma (Mallorca), el 23 de julio de 2022.

su voluntad, un medio para que se realice el sueño de Dios.

Asimismo, el liderazgo espiritual es un *liderazgo de discernimiento*, porque aplica el modo de proceder con el fin último de alcanzar la mayor gloria de Dios.

El liderazgo constituye un proceso relacional, y de ahí que se asocie indiscutiblemente al acompañamiento, como veremos. Se trata de un *liderazgo de discernimiento en colaboración.*

Junto con ser un método, *el liderazgo también es un producto,* ofrece resultados y por ello se vincula a la eficacia.

El ignaciano es un liderazgo en valores, *concretamente en los valores del Evangelio.*

Es igualmente un *liderazgo de servicio,* de servicio de Dios; y sirviendo a Dios, el liderazgo sirve a las personas. Por ello el lema principal del carisma ignaciano es «en todo amar y servir».

No se trata de una cuestión meramente superficial, sino de un *liderazgo de hondura y hasta de creatividad,* porque el líder debe adaptarse al entorno y sortear las resistencias u obstáculos que pueda encontrarse durante el proceso de discernimiento.

Por último, también podemos añadir que se trata de un *liderazgo en la incertidumbre y la complejidad:* la incertidumbre consciente de desconocer cuál será el futuro inmediato, de cómo la Providencia diseñará el siguiente paso; y la complejidad porque el discernimiento no es tarea sencilla y exige un gran esfuerzo continuo, así como la fortaleza de ánimo de tener que afrontar las resistencias internas y externas que vayan apareciendo.

Todas estas características contribuyen a construir el concepto de liderazgo, siendo por consiguiente un *concepto poliédrico.*

C.- *Proceso del liderazgo ignaciano*

Sería inconcebible que el liderazgo, que supone dar modo y orden a un acompañado, se encontrara exento de *proceso.*

El liderazgo ignaciano sigue un proceso que pasa por tres elementos: el contexto, la experiencia y la reflexión crítica.

El *contexto* supone que el protagonista del liderazgo debe efectuar un análisis de la realidad que le envuelve; dicho de otra forma, debe encontrarse bien situado en la realidad, valorando todas las incidencias posibles, todas las circunstancias que determinan la realidad. Sin un diagnóstico certero, resulta imposible acertar en el método ni mucho menos en la solución. Todo ello da idea de que el líder ignaciano debe ser una persona consciente, *anclada en la realidad,* tanto de sus fortalezas y sus limitaciones, como las propias de los demás.

En segundo lugar, la experiencia influye mucho en el fenómeno de la *contemplación en la acción.* La experiencia propia y ajena permite la mejora continua, obligando a observar lo que realmente funciona y aquello que resulta mejorable.

La experiencia permite atender a los *afectos:* el liderazgo no sólo puede fundamentarse en la razón, *sino también en el corazón.*

Así, en los Ejercicios, cuando comienzan las contemplaciones de la Segunda semana –y hasta la

Cuarta–, San Ignacio recomienda, al ver a las personas, oír lo que dicen y mirar lo que hacen, «reflectir para sacar provecho de la tal vista, de sus palabras, y de cada cosa de estas» (EE 106-108).

Por último, la *reflexión* consiste en la actividad continua y permanente de analizar los progresos y las resistencias, que no es otra cosa que *discernir los dos espíritus:* el bueno para acogerlo y el malo para rechazarlo.

D.- *Proyecciones del liderazgo ignaciano.*

El liderazgo no es una cuestión estrictamente personal, que afecte únicamente a la relación de una persona con Dios. Esto sería más bien una cuestión íntima. El liderazgo de discernimiento evidentemente presenta una primera proyección personal, que vive cada uno de manera interior.

Pero más allá de esa esfera personal, de vivencia íntima, existe una *trascendencia de interacción* hacia el entorno más inmediato de cada uno, hacia el grupo con el que se practica el discernimiento. Esta proyección no está reñida con lo místico, porque la mística también puede ser proactiva. De hecho, Ignacio de Loyola construye toda la arquitectura del carisma de la Compañía a partir de dos visiones místicas.

La interacción es aquella acción que se ejerce recíprocamente. Por tanto, *el segundo nivel de liderazgo es aquel que se practica en grupo.* Y este trabajo en equipo constituye un acompañamiento colectivo, que avisa de las debilidades e incidencias que puedan aparecer, y las va corrigiendo con la ayuda del grupo.

En tercer término, el liderazgo tiene una proyección hacia la organización que dirige el líder, o en cuya dirección participa. El discernimiento, como modo de proceder, *se pone al servicio de los demás,* porque constituye un «para» compartido.

Por último y en cuarto lugar, el liderazgo *se inserta en redes de discernimiento,* que es cuando se manifiesta con incidencia pública y política.

Como se aprecia, el liderazgo se expresa en estas cuatro proyecciones, la personal, el equipo, la organización y la pública.

3.- Claves del liderazgo ignaciano

El liderazgo ignaciano es un proceso de formación espiritual en la excelencia humana[5]. Consiste en el proceso a través del cual una persona descubre la presencia activa de Dios entre nosotros, invitándole a dejarse transformar por su amor para disponer todo lo que somos y tenemos, y sumarnos en sinergia con su amor para crear en comunidad una vida plena para todos[6].

El liderazgo ignaciano se articula en una serie de elementos:

A.- Discernimiento

El discernimiento se sitúa en el núcleo del ideario ignaciano[7]. Esto es así porque el ignaciano es un

---

[5] Secretariado de Educación de la Compañía de Jesús, *Excelencia Humana: hombres y mujeres conscientes, competentes, compasivos y comprometidos.* Roma, 2015.

[6] Comisión de Liderazgo Ignaciano Red de Pastoral AUSJAL. 2017-2018. *Liderazgo Ignaiano: nuestro modo de proceder.* Editora: Aurora Zarzosa Percero. Pág. 12.

[7] ALCOVER IBÁÑEZ, N. *El discernimiento ignaciano.* http://www.sonbono.org/index.php/el-discernimiento-ignaciano/ Fecha de consulta: 4 de agosto de 2019.

liderazgo –como hemos anticipado– esencialmente de discernimiento. Y el discernimiento en Ignacio de Loyola consiste en preguntarse *qué haría Jesucristo en cada situación, porque en Él se ha manifestado la Verdad de Dios.*

Del latín *discernere*, la Real Academia Española define el verbo discernir como «distinguir algo de otra cosa, señalando la diferencia que hay entre ellas. Comúnmente se refiere a operaciones del ánimo». Entre nosotros discernir significa valorar, reflexionar, ponderar... como paso previo a la toma de una decisión. En Ignacio de Loyola el discernimiento es mucho más profundo y tiene un componente espiritual, se encuentra inspirado en la gracia de Dios[8]; entre otros motivos, porque el discernimiento consiste en dejarse llevar por la gracia de Dios.

> *La iniciativa debe venir del Señor que labora en los acontecimientos y en las personas aquí y ahora. Dios nos invita a unirnos en Cristo en sus trabajos, con sus condiciones y a su manera.* CG 34, D. 26, n. 8.

En efecto y en cuanto método, el discernimiento ignaciano parte de una premisa fundamental, cual es la de despojarse de todo subjetivismo. La decisión debe adoptarse libre de ataduras personales, de fi-

---

[8] En clave espiritual el discernimiento no es original de Ignacio de Loyola. San Juan Clímaco, monje asceta del siglo VI y abad del Monasterio de Santa Catalina del Monte Sinaí, escribió *La escalera del divino ascenso*, como guía para alcanzar la perfección a lo largo de treinta escalones. En el escalón veintiséis define el discernimiento como «como la percepción cierta de la voluntad de Dios en toda ocasión, en todo lugar y en toda circunstancia; se encuentra solamente en los que son puros de corazón, de cuerpo y de boca. El discernimiento es una conciencia sin mancha y una sensibilidad purificada».

lias y fobias, para lo cual el discerniente tiene que objetivar al máximo, *hacerse indiferente* a todo aquello que no sea la voluntad de Dios.

A continuación, el discerniente tiene que ponerse en presencia de Dios, tener como referente el sueño de Dios, la misión de Dios. En este sentido el discernimiento es algo muy serio que no admite frivolidades, de manera que no es posible discernir acerca de superficialidades.

Por ello Ignacio de Loyola sugiere que se escuche en el interior de cada uno al «buen espíritu», que trae apoyo, consuelo y paz interior. Todo lo contrario del mal espíritu, que se guía por orientaciones espurias[9].

> *(El discernimiento) comienza con la contemplación de Dios que trabaja en nuestro mundo y nos permite sacar más fruto al unir nuestros esfuerzos a los designios de Dios... es el fundamento para la toma de decisiones de toda autoridad legítima.* CG 36, D. 2, n. 4.

Por último, el discernimiento se consolida con la confirmación de la decisión tomada, de suerte que el discerniente experimenta un sentido de rectitud por su elección, de manera consciente y contrastada.

> *Pedir gracia a Dios nuestro señor, para que todas mis intenciones, acciones y operaciones se ordenen puramente al servicio y alabanza de su divina majestad.* EE 46.

Todo el carisma ignaciano se articula en torno al discernimiento, concebido como un medio para en definitiva relacionarnos correctamente con Dios en nuestra vida concreta:

---

[9] RAVIER, A. *Ignacio de Loyola y el arte de la decisión.* José J. de Olañeta, editor. Palma de Mallorca, 2000. Pág. 154.

*El hombre es criado para alabar, hacer reverencia
y servir a Dios nuestro Señor y, mediante esto,
salvar su ánima; y las otras cosas sobre la haz de
la tierra son criadas para el hombre, y para que
le ayuden en la prosecución del fin para que es
creado. EE 23.*

El discernimiento es incompatible con el desafecto. Necesita algo fundamental en la vida de un cristiano: el silencio. Para discernir hay que saber escuchar, comenzando –como hemos dicho– por escucharse a sí mismo. El discerniente observa y escucha. San Ignacio no quería jesuitas meramente contemplativos ni mucho menos absorbidos por un nivel de tensión que les impidiera estar centrados.

El ejercicio de discernir exige paz especialmente interior, pero también exterior; calma, sosiego, tranquilidad de espíritu. El silencio deviene fundamental para acercarse a Dios. San Ignacio se refiere a huir de agitaciones (EE 14) y elegir continencia (EE 15).

Como puede apreciarse, el discernimiento es un método que lleva su tiempo, en ocasiones incluso años. La Compañía de Jesús e incluso el Vaticano crean comisiones para discernir un determinado asunto durante años. De esta manera el discernimiento participa de la filosofía más hegeliana que aristotélica de la *distinción entre acto y proceso*. El discernimiento es todo un proceso que no admite presiones temporales ni prisas, que se toma todo el tiempo que precise, y que acaba culminando en el acto de la decisión. Y es un proceso porque necesita generarse la voluntad de Dios[10].

---

[10] «La norma última en nuestro liderazgo es la voluntad de Dios… esto quiere decir que el liderazgo se trata de un proceso». NICOLÁS, A. *Liderazgo ignaciano. Colección… op. cit.* Pág. 20.

No se olvide que el discernimiento es un modo de proceder, en una actitud ante la vida, en un hábito espontáneo, de manera que en sí mismo encierra esta característica de proceso:

> ...para hacer elección de cosas que caen, es muy útil, en lugar de hacer elección, darles modo de proceder para enmendar y reformar la propia vida y estado de cada uno de ellos. EE 189.

Esta distinción entre acto y proceso tiene un hondo calado en la Compañía de Jesús. Personalmente he escuchado en muchas ocasiones a jesuitas decir que algo o alguien es el resultado de un proceso, afirmación que la experiencia me ha confirmado como cierta: las cosas son el resultado de un proceso y las personas somos igualmente el fruto de toda una trayectoria.

De ahí que el discernimiento, como veremos más adelante, sea aplicable con matices a no creyentes, porque es una realidad objetivamente incuestionable.

El Papa Francisco, a la sazón jesuita, se refiere continuamente al discernimiento. Por ejemplo, en la exhortación apostólica *Amoris Laetitia* (La alegría del amor) (2016) hallamos seguidas referencias a este método. Este documento, redactado después de los sínodos de la familia celebrados en el Vaticano en 2014 y 2015, trata sobre el amor en la familia y no en vano se dirige muy especialmente a los esposos cristianos. *Amoris Laetitia* recuerda que en las familias se necesita la acción de la gracia de Dios, que inspira el discernimiento como fuente de decisiones dadoras de vida.

B.- Acompañamiento

– *Concepto: primera aproximación*

No se entiende el discernimiento, o –en todo caso– no es tal, si no va estrechamente unido al acompañamiento. Ignacio de Loyola lo descubrió muy pronto, buscando dirección espiritual para sí, y procurándola a los demás. Su *Autobiografía* evidencia cómo en cada etapa y experiencia de su vida (Monserrat, Manresa, Alcalá, Salamanca, París y Roma) busca apoyo espiritual y guía para acercarse mejor a Dios[11].

> *[El discernimiento] comienza con la contemplación de Dios que trabaja en nuestro mundo y nos permite sacar más fruto al unir nuestros esfuerzos a los designios de Dios.* CG 36, D. 2, n. 4.

El punto de inflexión en su vida será la experiencia en el río Cardoner, cuando vive una segunda conversión y pasa de ser un penitente solitario a comunicar su mundo interior, con un fuerte impulso a la conversación espiritual[12]. La visión del Cardoner es considerada la piedra angular de la teoría del discernimiento

---

[11] La Autobiografía es el texto que Ignacio dictó a Luis Gonçálvez da Cámara entre 1553 y 1555, con interrupciones debidas a las crisis de salud del Santo. El relato llega hasta 1538, cuando Ignacio y sus «amigos en el Señor» comienzan a trabajar activamente en Roma. Vid. MAZA, M. *La Autobiografía de San Ignacio: apuntes para una lectura.* CIS. Roma, 1984.

[12] OSUNA, J. *Amigos en el Señor. Unidos para la dispersión.* Mensajero-Sal Terrae. Bilbao-Santander, 1998. Pág. 29. Es al final de este período de Manresa cuando en la Autobiografía se dice que «y a este tiempo había muchos días en que él era muy ávido de platicar cosas espirituales y de hallar personas que fuesen capaces de ellas». Autobiografía, 34.

y la toma de decisiones[13]. En efecto, el discernimiento es un proceso de notable enjundia, de suerte que difícilmente uno solo puede discernir en plenitud. De ahí que *resulte necesario un acompañamiento,* que en el carisma ignaciano es lógicamente un acompañamiento espiritual. Por acompañamiento espiritual se entiende una relación de ayuda espiritual entre la persona que acompaña y la que es acompañada, en orden a buscar y acertar en la voluntad de Dios[14].

– *Necesidad del acompañamiento,*
  especialmente el espiritual

El acompañamiento tiene un fundamento antropológico: el ser humano, aun cuando relativice la vida social, está acompañado toda su vida, desde su nacimiento hasta su muerte. Pero es que psicológicamente, una persona necesita sentirse acompañada, hasta el punto de que una patología severa consiste precisamente en no verse valorado o sentirse en soledad.

En la relación con Dios el acompañamiento deviene del todo imprescindible, porque la vivencia individual de la fe se convierte en la antítesis de una relación espiritual verdadera. En efecto, la fe no se puede individualizar ni mucho menos privatizar. La oración que Jesús enseñó a sus discípulos en la última cena es el «Padre nuestro» y no el «Padre mío».

---

[13] SILOS, L. R. «Cardoner en la vida de San Ignacio de Loyola» *Archivum Historicum Societatis Iesu* vol. 33. 1964. Págs. 3 a 43.

[14] CUESTA CAÑATE, J. D. *Acompañamiento espiritual y relación de ayuda: la actualidad de la experiencia de Ignacio de Loyola.* Universidad Pontifica Comillas. Facultad de Teología. Madrid, 1999. Pág. 22.

La fe se vive en comunidad porque los creyentes formamos el «pueblo de Dios»[15].

De ahí que el acompañamiento, en una tarea tan titánica como la relación con Dios, devenga imprescindible. La salud del alma, como refiere Ignacio, no es algo que pueda alcanzarse sólo, sino que necesita de un acompañante, previamente formado. Así lo explica la primera anotación de los Ejercicios:

> La primera anotación es que por este nombre de ejercicios espirituales se entiende todo modo de examinar la conciencia, de meditar, de contemplar, de orar vocal y mentalmente y de otras actividades espirituales según que adelante se dirá. Porque así como el pasear, caminar y correr son ejercicios corporales, de la misma manera todo modo de preparar y disponer el alma para quitar de sí todas las afecciones desordenadas y después de quitadas buscar y hallar la voluntad divina en la disposición de su vida para la salud del alma, se llaman ejercicios espirituales.

– *La aportación de Ignacio de Loyola*

Desde un primer momento, el acompañamiento resulta esencial en la obra de Ignacio de Loyola, que pasa del deseo de «salvar su alma» al objetivo de «ayudar a las almas».

Consciente de esta importancia, Ignacio ya desde las Constituciones encomienda a los jesuitas que «abran sus conciencias al Superior» de cada comuni-

---

[15] «Nadie camina enteramente solo los caminos de Dios, ni nadie es buen juez de su propia causa». LISBOA, P. *Exercicios Espitiuais e acompanhamento: relaçao e aproximaçao.* Itaci. 1997. Pág. 82.

dad cada cierto tiempo y en circunstancias especiales; se refiere a la «cuenta de conciencia».

Pero la gran aportación de Ignacio de Loyola consiste en el nuevo sentido que da al acompañamiento espiritual. A su parecer, Dios, en general, no actúa directamente sobre una persona, sino que lo hace a través de otra; y esa otra es el acompañante. De ahí que este último sea *un mediador* que, a través del discernimiento, hace posible que Dios actúe en la voluntad del acompañado. La dirección espiritual es, a partir de Ignacio de Loyola, una mediación. Esta mediación consiste en «hablar de las cosas de Dios» con el objetivo último de buscar a Dios, de acercar los hombres a Dios[16]. En esto consiste la función de Ignacio de «ayudar a las almas», que es su peregrinaje espiritual[17].

Esta función la lleva a cabo con las conversaciones que mantiene, pero ha quedado constancia a través de su abundante relación epistolar. Un total de 6.542 documentos (cartas, instrucciones, documentos jurídicos, hijuelas y extractos)[18] acreditan y dan testimonio del acompañamiento ignaciano y en ellas se aprecia la importancia del discernimiento espiritual en el acompañamiento[19].

---

[16] ARELLANO, T. «San Ignacio como director espiritual» *Manresa* núm. 28. 1956. Pág. 279.

[17] RAMBLA, J. *El Peregrino. Autobiografía de San Ignacio de Loyola*. Mensajero-Sal Terrae. Bilbao-Santander, 1983. Pág. 45.

[18] Editadas en doce volúmenes por Monumenta Historica Societatis Iesu (MHSI) bajo el título Sancti Ignatii de Loyola, epistolae et Instructiones. Madrid, 1903-1911.

[19] GONZÁLEZ, L. «Notas a la correspondencia de San Ignacio con los laicos de su tiempo». *Manresa* núm. 59. 1987. Págs. 243 a 256.

– *Dar modo y orden*

El fin del acompañamiento es netamente espiritual, buscar la voluntad de Dios, ya lo hemos dicho. En cambio, el medio para alcanzar este fin es más bien metodológico, y consiste en *dar al acompañado modo y orden*.

En efecto y al decir de Ignacio, los Ejercicios consisten en una conversación en que se da a otro modo y orden para meditar o contemplar. Así lo expresa la anotación segunda:

> La segunda es que la persona que da a otro el modo y orden de meditar o contemplar debe narrar fielmente la historia de dicha contemplación o meditación, recorriendo solamente los puntos con breve o sumaria explicación; porque si la persona que contempla toma el fundamento verdadero de la historia, y discurre por sí misma y halla alguna cosa que explique o haga sentir un poco más la historia (bien sea por el razonamiento propio, o bien en cuanto el entendimiento es esclarecido por la ayuda divina), es de más gusto y fruto espiritual que si el de que da los ejercicios hubiese declarado y ampliado mucho más el sentido de la historia; porque no el mucho saber harta y satisface el alma, sino el sentir y gustar las cosas internamente.

Dar modo y orden es la tarea más importante del acompañante. El orden se refiere a elementos de contenido y recursos materiales y psicológicos orientados a un fin, mientras que el modo consiste en la utilización concreta de ese orden por el acompañante, en unas determinadas circunstancias personales del acompañado, y prestando atención a la iniciativa del Espíritu[20].

El acompañante debe someter su función también a discernimiento:

> *El que da los exercicios, si vee al que los rescibe, que está desolado y tentado, no se haya con él duro ni desabrido, mas blando y suave, dándole ánimo y fuerzas para adelante. EE 7.*

Junto a la tarea de discernir, el acompañamiento resulta muy familiar: qué padre o madre no realiza un acompañamiento de todo tipo a sus hijos, ya sea en los estudios, en el modo de comportarse, de agradecer, de relacionarse, de cuidar la imagen y el vestido... en la educación en general y en el más amplio de los sentidos.

El acompañamiento es un pilar fundamental del liderazgo ignaciano, porque el líder –que, no olvidemos, es líder *para* los demás– se centra en las personas, se encomienda a dirigir a los integrantes del grupo que lidera, en ayudarles y en atenderles.

> *Esta característica esencial de nuestra forma de proceder pide prontitud para cooperar, escuchar y aprender de otros y para compartir nuestra herencia espiritual y apostólica. CG 34, D. 13, n. 4.*

Una de las proyecciones y manifestaciones del liderazgo es por tanto el acompañamiento, que abarca cuestiones de todo tipo: las profesionales propias del grupo, pero también y muy especialmente las personales.

---

[20] IGLESIAS, I. «Dar "a otro modo y orden"» *Manresa* núm. 61. 1989. Pág. 364.

En el acompañamiento personal es donde el líder demuestra su liderazgo. Resulta muy importante que el líder muestre interés por los asuntos personales y familiares de los miembros del grupo, problemas de salud, felicitación por una onomástica o un logro conseguido... Pero el acompañamiento ignaciano es mucho más que eso: consiste en procurar cercanía y orientación principalmente espiritual.

El líder que acompaña, cultiva una relación más propia del maestro-discípulo[21], siendo –como hemos anticipado– un referente y ejemplo para el acompañado, que está ahí no sólo en los momentos de necesidad, sino también de manera anticipativa, orientando a la luz de su experiencia previa, aconsejando lecturas y actitudes, y en definitiva procurando formación espiritual.

El acompañamiento forma parte de la Iglesia de manera intrínseca. Carece de sentido profesar la religión en una relación estrictamente individual de cada uno con Dios, porque la Iglesia es el pueblo de Dios y sólo se puede vivir colectivamente[22]. De la misma manera que un padre acompaña a sus hijos bioló-

---

[21] GARCÍA DOMÍNGUEZ, L. M. *El libro del discípulo. El acompañamiento espiritual*. Sal Terrae-Mensajero. Santander-Bilbao, 2011.

[22] En los últimos años sufrimos una constante expulsión de la vida religiosa del ámbito público. Impulsado por un ideario político desde las instituciones, la retirada de crucifijos en las escuelas públicas o la eliminación de la religión católica de los planes de estudios son muestras de la introducción del laicismo a marchas forzadas.

La justificación de estas políticas públicas descansa en la privatización de la fe: es muy respetable que cada uno tenga su credo religioso –nos dicen– pero esto forma parte de la pri-

gicos, también un sacerdote –que es un padre de almas– acompaña a los fieles.

---

vacidad de las personas, sin que tenga por qué formularse una manifestación exterior de esa fe.

Este argumento resulta envenenado. Desde una vertiente estrictamente racional y cartesiana, resulta impecable y no admite apenas contestación. Sin embargo, la privatización de la fe constituye el germen para hacer que la fe sencillamente desaparezca.

La religión no es una cuestión individual, sino colectiva. La Iglesia es el Pueblo de Dios, de manera que el ejercicio de la fe, la práctica de la religión, sólo puede hacerse colectivamente; no encerrados en catacumbas como los primeros cristianos, a escondidas, sino con total publicidad.

La vivencia individual de la fe conduce invariablemente a una distorsión de la misma. El pensamiento de «creo en Dios, pero no creo en la Iglesia ni en los curas» es un torpedo en la línea de flotación del cristianismo, porque –insisto– el ejercicio solitario de la fe hace que se comience por relativizar determinados conceptos, y acabe por construir un credo particular, alejado del único que existe.

Incluso los sacerdotes, como ministros de la Iglesia, cada cierto tiempo tiene que hacer retiros y Ejercicios Espirituales para no dejar de tener el referente del deber ser. Y lo hacen colectivamente, porque es la única manera de conservar incólumes las características y la esencia de la fe que viven y proyectan con su ejemplo y su palabra.

Sucede sin embargo que esta privatización de la fe, perfectamente orquestada por una ideología laicista, consigue en la práctica instalarnos espiritualmente en la nada. Y como la vida de las personas resulta incompatible con la nada espiritual, decidimos suplir este vacío con otras quimeras.

No en vano en muchos enclaves de Hispanoamérica florecen organizaciones y sectas que, con alguna oferta pseudo cristiana, tratan de ganar adeptos para otros fines espurios como aportaciones dinerarias, favores sexuales...

En España recientemente han comenzado a florecer las neo fiestas, que consisten en procesiones disparatadas y groseras de gente ebria, que sacan a hombros por las calles de la ciudad una mesa con una Imagen religiosa, rodeada de botellas de alcohol; se trata de procesiones laicas (y etílicas) que ofenden

A mayor abundamiento la crisis de fe es una tentación continua en la vida de un creyente, de manera que resulta imprescindible una ayuda exterior para superar obstáculos y dudas que puedan asaltar a uno.

---

al sentimiento religioso, y se parapetan detrás del jolgorio y la diversión mal entendida.

A esto conduce la privatización de la fe.

Y evidentemente la ridiculización se proyecta exclusivamente hacia el cristianismo, sin que exista valor para hacer lo mismo respecto a otras confesiones religiosas que no gozan de la tolerancia del cristianismo.

En cualquier caso, el laicismo –en un alarde coherencia sin parangón– no es incompatible en la práctica con una sed de religión, quizá no directamente pero sí al menos de todo lo que arrastra el cristianismo. No en vano gente agnóstica y atea quiere que sus hijos estudien en colegios religiosos, en muchos casos de jesuitas.

Más allá de la crítica superficial a la falta de coherencia, es motivo de satisfacción que un no creyente confíe la educación de sus hijos a la Compañía de Jesús, siempre que acepte el ideario católico y no lo censure con quejas abiertas.

A mayor abundamiento muchos agnósticos, en el momento de una dificultad (una enfermedad), se reconcilian con la religión: se refugian en la Oración y hasta admiten el sacramento de la Unción de enfermos. De un tiempo a esta parte ya no se ve a gente santiguándose en los aviones en el momento de despegar; sin embargo, recientemente sufrí un aterrizaje de emergencia en el aeropuerto de Atenas y me sorprendió ver a gran parte del pasaje santiguarse cuando el piloto anunció la maniobra que iba a realizar.

Sea como fuere, y pese al daño que genera el laicismo, impuesto de manera grosera y hasta totalitaria en muchas ocasiones, el ser humano sigue necesitando la religión cristiana, que ha articulado durante siglos las relaciones personales y sociales, constituye sin lugar a dudas la base de la convivencia, y ha hecho posible la consolidación de los derechos humanos.

C.- Amor y servicio: la Misericordia

– En todo, amar y servir

Una de las expresiones que sintetiza a máximo el carisma ignaciano es el de «en todo, mar y servir». En los EE.EE. San Ignacio insiste en esta idea:

> *La primera es que aquel amor que me mueve y me hace elegir la tal cosa, descienda de arriba del amor de Dios.* EE. 184.

> *Pedir conocimiento interno de tanto bien recibido, para que yo, enteramente reconociendo, pueda en todo amar y servir a su divina majestad.* EE 233.

> Debemos *servir mucho a Dios nuestro Señor por puro amor.* EE 370.

> Y que toda nuestra existencia no tiene otro significado que el de *amar y servir en todo a Dios nuestro Señor.* EE 363.

Ignacio extrae el amor de su contemplación de Dios. Y el amor a Dios tiene su proyección sobre el resto de las personas, que son hijos de Dios. El amor es una expresión de respeto, de comprensión, de perdón, en definitiva, de misericordia.

Pero el amor no puede quedar como algo teórico, sino que necesita concretarse.

> *El amor se debe manifestar más en obras que en palabras.* EE 230.

La acción amorosa es el servicio: no se ama a nadie si no se es capaz de servirle; y por el hecho de servir se está amando.

«Amar es servir y servir es amar» no es un simple juego de palabras, sino una expresión muy profunda que exige detenerse y meditarla. El servicio sin amor es puro interés, impregnado de negatividad. El amor sin servicio por su parte es una simple quimera, nada más. Por ello el amor verdadero es el que va acompañado del sacrificio que supone el servicio; y el servicio efectivo y auténtico es el que se hace desde el amor.

Aplicado al liderazgo ignaciano, quien no es capaz de amar y servir nunca será líder, y mucho menos ignaciano. El líder, o ama a los integrantes del grupo, o no es líder; o les sirve, o no será líder. No siempre es fácil amar y servir; al contrario, en muchas ocasiones resulta difícil amar y servir a determinadas personas. Pero el carisma ignaciano anima a amar y a servir a cualquier persona, por encima de otras veleidades. A mayor abundamiento la acción de amar y servir es muy pedagógica, enseña mucho a quien ama y sirve, paciencia, por ejemplo, pero también fortaleza de ánimo, insistencia, psicología... en cualquier caso son dos acciones edificantes.

> *El amor es el elemento que permite ordenar los afectos: el amor de Dios permite abandonar desafectos como la confusión, el miedo, la violencia, y el desamor; al dejarnos guiar por el amor de Dios, vivimos con seguridad y plenitud, sin nada que temer; porque el amor de Dios lo invade todo y nos lleva a vivir con integridad personal, pero también en comunión con las demás personas y la naturaleza. CG 36, D. 1, n. 3.*

– *Ayudar a las almas*

Una expresión que utiliza Ignacio con frecuencia es la de «ayudar a las almas» (Autobiografía 26,19). Socorrer al prójimo es una manifestación del amor y del servicio. Salvar las almas o ayudar a las almas significa ayudar a las personas a alcanzar su plenitud en todos los órdenes, pero sobre todo su relación con Dios como criaturas y con Jesucristo como salvados. Vivir una realidad salvada, liberada, misericordiosa, es el objetivo de todo evangelizador.

El peregrinaje de Ignacio de Loyola es una carrera por ayudar a los demás, como manifestación del amor de Dios a los hombres.

Los Ejercicios no están exentos de esta intención:

> Cristo nuestro Señor «a todos sus siervos y amigos» encomienda esta tarea: «que a todos quieran ayudar» (EE 146).

Ayudar a los demás consiste en una consideración totalmente indefinida, pero precisamente por eso goza de enorme amplitud, en línea con el carácter infinito del amor de Dios.

La ayuda a los demás exige internamente un acto de consciencia interior, sin la cual no es posible proyectar compasión hacia el exterior. De ahí que el carisma ignaciano recuerde la necesidad de superar desafectos:

> Es una misión que nos llama a una vida en comunidad más intensa, a sanar nuestras heridas y a una verdadera conversión, conscientes de que, en última instancia, la raíz de los conflictos está en un corazón humano internamente dividido. CG 36, Testigos de amistad y reconciliación, 2016.

– Un ejemplo de misericordia: el Papa Francisco

El Papa Francisco encarna como nadie el amar y servir. No sólo con sus acciones, sino simbólicamente ya desde su nombramiento como obispo primero[23] y más tarde cardenal en 2001[24] hizo acopio de la misericordia en sendos escudos.

MISERANDO ATQUE ELIGENDO

En este escudo, bajo el *capello* cardenalicio, un sol dorado de treinta y dos rayos (el mismo número de rayos del sol de la bandera de Argentina), incluye el anagrama de la Compañía de Jesús: el IHS con un Cruz sobre la H, y los tres clavos de Cristo. Debajo, una estrella y un nardo, ambos de plata. El sol representa a Cristo, la estrella a la Virgen María y los nardos a San José.

---

[23] El Papa Juan Pablo II designó a Jorge Mario Bergoglio obispo titular de la diócesis de Oca y uno de los cuatro obispos auxiliares de la arquidiócesis de Buenos Aires.

[24] El Papa Juan Pablo II creó a Jorge Mario Bergoglio cardenal presbítero de San Roberto Belarmino el 21 de febrero de 2001.

Lo curioso es que este escudo incorpora una leyenda, que Bergoglio recoge de su escudo como obispo: *Miserando atque eligendo*.

Esta frase proviene de la homilía de Beda, el Venerable, que describe la vocación de San Mateo (*Hom. 21*; CCL 122, 149-151):

> «*Vidit ergo Iesus publicanum et quia miserando atque eligendo vidit, ait illi Sequere me* (Vio Jesús a un publicano, y como le miró con misericordia, le eligió y le dijo: Sígueme)».

La *Vocación de San Mateo* de Caravaggio.

Esta escena, *La vocación de San Mateo*, fue retratada por Caravaggio y se halla en la Capilla Contarelli de la Iglesia romana de San Luis de los Franceses[25]:

La obra no puede ser más sublime: un grupo de recaudadores de impuestos están contando monedas alrededor de una mesa, en penumbra, vestidos con grandes ropajes. Acompañado por el rayo de luz que irrumpe, Jesús, descalzo (en claro contraste con los ropajes de los publicanos), señala a Mateo y le dice «sígueme». Y todo ello lo hace con misericordia.

Cuando fue entronizado Papa[26], desde el primer instante de su pontificado volvió a hacer acopio del mismo lema, esta vez en su escudo papal.

El escudo del Papa Francisco presenta dos curiosidades: una es que es la primera vez en la historia de la Iglesia que el anagrama de la Compañía de Jesús aparece en un escudo papal; la otra

---

[25] La Capilla Contarelli debe su nombre al cardenal Matteo Contarelli, que dejó fondos a su muerte para honrar a su patrón. Por encargo del cardenal Francesco Del Monte, patrón de Caravaggio, se le encomendaron tres lienzos: el altar se halla presidido por *La inspiración de San Mateo*, y a cada lado se encuentran *El martirio de San Mateo* y *La vocación de San Mateo*. Este fue el primer gran encargo eclesiástico que obtuvo Caravaggio, que llevó a cabo entre 1601 y 1602.

[26] 13 de marzo de 2013.

es que por vez primera un escudo papal presenta un lema. Antes del Papa Francisco nunca un escudo papal había presentado un lema.

De ahí la importancia que el Santo Padre, a la sazón jesuita y por ende ignaciano, concede a la misericordia, y no en vano en 2015 proclamó un Jubileo extraordinario de la misericordia.

Además, en su alocución a la Compañía de Jesús a la Congregación General 36, el Santo Padre se refirió expresamente a la misericordia:

> Misericordia no significa algo abstracto, sino un estilo de vida que consiste en gestos concretos más que en meras palabras. CG 36, D. 1, n. 20.

D.- Los dos espíritus

Ignacio de Loyola es absolutamente consciente de la lucha entre el bien y el mal en todas sus proyecciones. En su Autobiografía, los Ejercicios, el Diario Espiritual y sus cartas, continuamente se refiere a la contraposición entre el bien y el mal, los afectos y los desafectos, el consuelo y la desolación...

> Si siente afecto e inclinación a una cosa desordenadamente, es muy conveniente moverse, poniendo todas sus fuerzas, para venir a lo contrario de aquel afecto desordenado; ... instando en oraciones y otros ejercicios espirituales, pidiendo a Dios nuestro Señor lo contrario, ... que no quiere tal oficio o beneficio, ni otra cosa alguna, si su divina majestad, ordenándole los deseos, no le mudare el afecto que primero sentía. De manera que la causa de desear o tener una cosa u otra sea sólo el servicio, honra y gloria de su divina majestad. EE 16.

De hecho, el discernimiento pasa por distinguir el bueno del mal espíritu. Las referencias en los Ejercicios a esta dialéctica son continuas:

> debemos advertir mucho el curso de los pensamientos; y si al principio, medio y fin es todo bueno, inclinado a todo bien, es señal de ángel bueno; pero si el curso de los pensamientos que trae acaba en alguna cosa mala o distractiva, o menos buena que la que antes el alma había propuesto, o la debilita, inquieta o conturba, quitándole la paz, tranquilidad y quietud que antes tenía, es señal clara de que procede del mal espíritu, enemigo de nuestro provecho y salvación eterna. EE 333.

En efecto, Ignacio recomienda al ejercitante la discreción de espíritus y para ello le da una serie de reglas (EE 328):

> «con causa» puede consolar al alma así el ángel bueno como el malo por fines contrarios: el ángel bueno para provecho del alma, para que crezca y suba de bien en mejor; y el ángel malo para lo contrario, y posteriormente para traerla a su dañina intención y malicia. EE 331.

> es propio del ángel malo, que se disfraza de «ángel de luz», entrar con lo que gusta al alma devota y salir con el mal que él pretende; es a saber, traer pensamientos buenos y santos conforme a esa alma justa; y después, poco a poco, procura salirse con la suya, trayendo al alma a sus engaños cubiertos y perversas intenciones. EE 332.

Es precisamente esta consciencia la que contribuye a transformar a la persona, despertando una visión distinta de la realidad y de su propia experiencia, con el objetivo de servir a Dios.

> El discernimiento orante debería ser nuestro modo habitual de acercarnos a la realidad, cuando queremos transformarla. CG 36, D. 1, n. 37.

Por este motivo, desde el discernimiento entre el bien y el mal, el cristiano está llamado a preguntarse qué me quedo y de qué me desprendo; a eso contribuye claramente el liderazgo de discernimiento.

> *Nuestro modo de proceder es descubrir las huellas de Dios en todas partes, sabiendo que el Espíritu de Cristo está activo en todos los lugares y situaciones y en todas las actividades y mediaciones que intentan hacerle más presente en el mundo.* CG 35, D. 2, n. 8.

Obviamente los dos espíritus se encuentran enraizados en la vida diaria, de manera que no es posible aspirar a un mundo sin la presencia del mal espíritu. La consciencia del líder ignaciano alcanza a no plantearse utopías imposibles, sino en afrontar el mal espíritu desde el discernimiento.

> *Surgen así... una serie de polaridades típicamente ignacianas, que conjugan nuestro estar siempre enraizados firmemente en Dios y, al mismo tiempo, inmersos en e corazón del mundo.* CG 35, D. 2, n. 8.

Si convenimos que *el discernimiento es un método para la toma de decisiones*, entonces su función pasa por distinguir entre las diferentes opciones, qué es lo que conduce a la mayor gloria de Dios.

> *Tenemos que alcanzar una comprensión más profunda del misterio del mal en el mundo y del poder transformador de la misericordiosa mirada de Dios que trabaja por hacer de la humanidad una familia reconciliada y en paz.* CG 36, D. 1, n. 31.

E.- Consolación y desolación

En la línea con la contraposición de los dos espíritus, Ignacio de Loyola se debate entre la consolación y la desolación. Como puede intuirse, todo aquello cercano a Dios genera consuelo en el creyente, mientras que la desolación supone la antítesis con la voluntad del Creador.

En los Ejercicios, cuando enumera las reglas para valorar las mociones que experimenta el alma, Ignacio define ambos conceptos:

3.ª regla. *La tercera es de consolación espiritual: llamo consolación cuando en el alma se produce alguna moción interior, con la cual viene el alma a inflamarse en amor a su Criador y Señor, y como consecuencia ninguna cosa criada sobre la faz de la tierra puede amar en sí, sino en el Criador de todas ellas. También es consolación cuando derrama lágrimas que mueven a amar a su Señor, sea por el dolor de sus pecados, o por la Pasión de Cristo nuestro Señor, o por otras cosas ordenadas derechamente a su servicio y alabanza. Finalmente, llamo consolación todo aumento de esperanza, fe y caridad y toda alegría interna que llama y atrae a las cosas celestiales y a la propia salud de su alma, aquietándola y pacificándola en su Criador y Señor.* EE 316.

4.ª regla. *La cuarta, de desolación espiritual. Llamo desolación todo lo contrario de la tercera regla; así como oscuridad del alma, turbación en ella, inclinación por las cosas bajas y terrenas, inquietud de varias agitaciones y tentaciones, moviendo a desconfianza, sin esperanza, sin amor, hallándose el alma toda perezosa, tibia, triste y como separada de su Criador y Señor. Porque así como la consolación es contraria a la desolación, de la misma manera los pensamientos que salen de la consolación son contrarios a los pensamientos que salen de la desolación.* EE 317.

La desolación y la consolación no son dos conceptos abstractos, sino que tienen un importante valor práctico. Ignacio se adelanta a la tríada hegeliana del siglo XVIII y considera que la contraposición de ambas experiencias se concreta en una forma de hacer sana y buena elección.

En efecto, en los Ejercicios Ignacio enumera los tres tiempos para hacer sana y buena elección de cada uno de ellos. El segundo tiempo consiste en extraer conclusiones de la experiencia de consolaciones y desolaciones:

> *cuando se obtiene suficiente claridad y conocimiento por experiencia de consolaciones y desolaciones y por experiencia de discreción de varios espíritus.* EE 176.

F.- Fortaleza de ánimo

Otro puntal del liderazgo ignaciano es la fortaleza de ánimo. San Ignacio se refiere en sus escritos a esta cualidad, sin la cual el líder no es tal, porque en cualquier momento el cansancio, el abatimiento o la desolación pueden hacer mella en él. En efecto el líder es quien anima a los suyos en momentos de adversidad, otorgando confianza en superar cualquier crisis, siempre bajo el prisma de la fe. Por ello resulta muy importante que él no corra el peligro de sucumbir al desánimo, al que Ignacio se refiere como desolación.

En los Ejercicios, las Constituciones y las cartas Ignacio de Loyola continuamente habla de los dos espíritus: el buen espíritu y el mal espíritu. Es consciente de que este último significa un desafío continuo y que se tiene que combatir con el primero. El mal espíritu suele «morder, tristar y poner impedimentos, inquietando con falsas razones» para impedir «que en el bien obrar proceda adelante» (EE 315). La reacción de Ignacio es clara: poner «mucho rostro contra las tentaciones del enemigo, haciendo el opósito per diametrum» (EE 325,5).

Esta característica cobra especial significación en los tiempos presentes, en los que ser cristiano es particularmente difícil. No sólo el entorno no acompaña a ser creyente, sino que para más inri disuade y aleja de la fe.

El líder puede apostar por proyectos y personas que al final del proceso sufren un desmoronamiento, como si fuera el mito de Sísifo. Sin embargo lo ignaciano es seguir y seguir, con fortaleza de ánimo, plantando cara a la adversidad, con el espíritu combativo y militar con que San Ignacio concibió a la Compañía de Jesús.

En la fortaleza de ánimo anida la fe, la creencia en que Dios actúa a través del líder para conseguir su misión. De ahí que el líder ignaciano se halle comprometido con la voluntad divina y sepa que la fortaleza de su ánimo se halla respaldada por Dios, que le anima a seguir, incluso con su propia vida.

G.- Hacerse indiferentes

En la espiritualidad ignaciana resulta fundamental hacerse indiferentes, que no significa la indiferencia sin más, como si nada importara, sino muy al contrario *relativizar las cosas en función de la voluntad de Dios*. En efecto el hacerse indiferente consiste en despojarse de todo lo que no sea a la mayor gloria de Dios, el desapego a cuestiones a las que damos importancia cuando no la tienen. Porque en la misión de Dios hay que ir ligeros de equipaje.

Como hemos adelantado, el hacernos indiferentes constituye un presupuesto del discernimiento. Sólo desde la libertad se puede discernir y tomar una decisión en clave de humanismo cristiano. Y en este caso importa mucho la libertad interior, más allá de condicionantes personales. De ahí que sea fundamental la tarea de objetivar para poder analizar y elegir.

En los EE.EE. San Ignacio se refiere a la necesidad imperiosa de hacernos indiferentes:

> *«...Por lo cual es menester hacernos indiferentes a todas las cosas criadas, en todo lo que es concedido a la libertad de nuestro libre albedrío, y no le está prohibido; en tal manera, que no queramos de nuestra parte más salud que enfermedad, riqueza que pobreza, honor que deshonor, vida larga que corta, y por consiguiente en todo lo demás; solamente deseando y eligiendo lo que más nos conduce para el fin que somos criados».* EE 23.

El hacerse indiferente pasa por consiguiente por *relegar las pasiones y adiestrar los sentidos*, para poder discernir con total libertad y disponibilidad, con el fin último de la mayor gloria de Dios.

H.- Magis: innovación, transformación y ambición

Magis, del latín «más», es otro pilar fundamental de la espiritualidad ignaciana y consiste en la continua superación, en la sana ambición de ir a más, de mejorarse y de crecer de manera permanente.

En su sentido más primitivo y en línea con lo que hemos dicho, el *magis* se halla vinculado al amor a Dios, al *ad maiorem Dei gloriam*.

...que yo quiero y deseo y es mi determinación deliberada, sólo que sea vuestro mayor servicio y alabanza, de imitaros en pasar todas injurias y todo vituperio y toda pobreza, ... queriéndome vuestra sanctísima majestad elegir y rescibir en tal vida y estado. EE 98.

Para Ignacio de Loyola, en el amor nunca existe justa medida, nunca es suficiente; porque el amor siempre busca darse más, hacerse más[27].

Considerando con mucha razón y justicia lo que yo debo de mi parte offrescer y dar a su divina majestad, es a saber, todas mis cosas y a mí mismo con ellas, así como quien offresce afectándose mucho. EE 234.

En el *magis* confluyen dos elementos: el personal y propio de sacrificio y superación; y el solidario de entrega a los demás. Este último dato no puede pasar desapercibido: las derivaciones de *magis*, (como son magisterio, clase magistral, magíster...) hacen referencia a la entrega a los demás: el maestro es alguien que ha estudiado y trabajado para adquirir conocimientos que entrega a los demás, transfiere su conocimiento, haciendo claro y sencillo aquello que le ha supuesto un esfuerzo y desde luego tiempo.

En este sentido el *magis* no consiste en la ambición mundana de hacerse rico a toda costa, de acaparar y acumular sin miramientos y sin importar en qué situación quedan los demás. Por el contrario, el *magis* va dirigido al prójimo, *consiste en esa superación personal para los demás*. De ahí que el *magis* sintetice el discernimiento por un lado, y el

---

[27] Posiblemente Ignacio se inspirara en el Evangelio de San Juan, que dice de Jesús: «Habiendo amado... amó hasta el extremo» (Jn 13,1).

acompañamiento por otro. El *magis* es la antítesis del conformismo, del dejarse llevar o de la indiferencia sin más. El *magis* asimismo se halla directamente asociado a la acción: se trata de un *hacer para*. Y este *hacer para* va dirigido siempre a la mayor gloria de Dios. De ahí que en el *magis* sea tan importante la cantidad como la calidad, esto es, el sentido finalista de lo que hacemos.

Una proyección del *magis* ignaciano es el *quid agendum*. La peregrinación de Ignacio de Loyola no es física o material, sino espiritual. Como concreción de su magisterio de discernimiento, Ignacio continuamente se plantea qué hacer para alcanzar la voluntad de Dios. Su vida es una constante inquietud para cumplir la misión apostólica, de ahí que este objetivo incansable se encuentre en el frontispicio de los Ejercicios:

> *al que recibe los ejercicios, mucho aprovecha entrar en ellos con gran ánimo y liberalidad con su Criador y Señor, ofreciéndole todo su querer y libertad para que su divina majestad, así de su persona como de todo lo que tiene, se sirva conforme a su santísima voluntad* (EE 1.5).

Tradicionalmente a los jesuitas se les ha atribuido un espíritu altamente competitivo. El nivel de exigencia en sus centros educativos es una prueba de esta característica. Y ello se debe al *magis* ignaciano, a la superación, el ir a más. En definitiva, los jesuitas se han mostrado a lo largo de la historia altamente innovadores, en todos los campos de las letras, las artes y las ciencias, al tiempo que tremendamente transformadores de la realidad social, arriesgando sus vidas en lugares difíciles.

I.- Tener la intención recta: justicia y ecología

Por último las claves del liderazgo ignaciano se resumen en la *bondad*; en palabras de San Ignacio, en «tener la intención recta».

En este sentido se puede pensar en cometer un crimen, pero eso no será discernimiento; es posible acercarse a otro para engañarle u obtener beneficio propio, pero no será acompañamiento; se pueden ambicionar sin límite todas las riquezas del mundo, pero eso no será *magis*. Sólo desde la bondad puede desarrollarse el liderazgo ignaciano, una virtud que presenta una doble proyección: *la justicia y el medio ambiente*.

La justicia social es una constante en la Iglesia, con su compromiso con los pobres, los marginados y abandonados. Esa es una de las fronteras a las que el Papa Francisco anima a los jesuitas a acudir, al objeto de hacer posible un mundo de oportunidades, de distribución más equitativa de la riqueza. El compromiso de los jesuitas con la justicia resulta indiscutible. En la Congregación General 32 (1974-1975) llevó a cabo la integración de la fe y la justicia como punto focal, y definió el carisma del jesuita en el sentido de comprometerse en el servicio de la fe y la promoción de la justicia que esta fe implica.

En las Congregaciones siguientes se enfatizó todavía más este compromiso por la justicia. Así, en la 33 (1983) y con una notable intervención de Ignacio Ellacuría, SJ, se defendió «la opción preferente por los pobres». La Congregación General 34 (1995) concretó la lucha por la justicia en la inculturación y el diálogo interreligioso: la defensa de los derechos humanos; el trabajo por la paz, la superación de las discriminaciones por razón de raza, sexo o religión;

la pobreza y el hambre en aumento en el mundo; la marginación de África; los pueblos indígenas; los refugiados; los excluidos (parados de larga duración, niños de la calle, ancianos etc.)[28].

En definitiva desde el carisma ignaciano se muestra en toda su extensión que no es posible trabajar la *cura apostolica* si no existe previamente una *cura personalis*.

Por otro lado la intención recta no puede dejar de lado la ecología, la casa común como la denomina el Papa Francisco en la primera gran encíclica de su pontificado *Laudato Sí* (2015). En esta encíclica el Santo Padre se refiere a la contaminación y el cambio climático en un contexto de la cultura del descarte. Califica el clima como un bien común, muestra su preocupación por el deterioro de los recursos naturales, especialmente el agua, y la pérdida de la biodiversidad.

Y frente a la degradación conjunta de la naturaleza y de la condición humana, el Papa defiende una ecología integral –ambiental, económica y social– a partir de la luz de la fe y de la justicia entre generaciones. Anima a un diálogo a todos los niveles –local, nacional e internacional– para alcanzar la plenitud humana, apostando por otro estilo de vida y muy especialmente por una educación para la alianza entre la humanidad y el ambiente. Haciendo uso de la conversión a la fe que experimentaron muchos santos –también San Ignacio– el Papa Francisco alude a una

---

[28] RAMBLA BLANCH, J. M. Jesuitas y compromiso por la Justicia. Centre d'estudis Cristianisme i Justícia. Fundació Lluís Espinal. https://blog.cristianismeijusticia.net/2016/10/03/jesuitas-compromiso-la-justicia Fecha de consulta 8 de agosto de 2019.

conversión ecológica, es decir, los seres humanos tenemos que volver a nacer en clave medio ambiental.

Además, la ecología constituye otra prioridad entre los jesuitas, y no en vano en 2019 la Compañía de Jesús aprobó, después de dieciséis meses de discernimiento[29], las cuatro Preferencias Apostólicas Universales[30], que condensan el carisma ignaciano y en las que está presente el medio ambiente con autonomía propia:

A. *Mostrar el camino hacia Dios mediante los Ejercicios Espirituales y el discernimiento.*

B. *Caminar junto a los pobres, los descartados del mundo, los vulnerados en su dignidad en una misión de reconciliación y justicia.*

C. *Acompañar a los jóvenes en la creación de un futuro esperanzador.*

D. *Colaborar en el cuidado de la Casa Común.*

---

[29] El Papa Francisco envió carta de confirmación de las Preferencias Universales Apostólicas de fecha 6 de febrero de 2019, señalando expresamente que «el proceso que hizo la Compañía para llegar a las preferencias apostólicas universales fue (…) un real discernimiento».

[30] https://jesuitas.lat/es/noticias/1196-preferencias-apostolicas-universales-de-la-compania-de-jesus-2019-2029. Fecha de consulta: 7 de agosto de 2019.

V.- LIDERAZGO IGNACIANO EN EL NO CREYENTE

1.- ¿Puede un no creyente formarse en el liderazgo ignaciano?

Con carácter previo, hay que plantearse hasta qué punto resulta compatible el liderazgo ignaciano con la condición de no creyente. La pregunta obligada es muy sencilla: ¿puede un agnóstico o un ateo formarse y aplicar el liderazgo ignaciano? Como también, ¿puede incluso un creyente de otra confesión religiosa vivir en torno al liderazgo ignaciano?

Esta cuestión no es baladí, por cuanto el liderazgo ignaciano se encuentra de lleno imbuido por la espiritualidad y el carisma ignacianos. En consecuencia, inicialmente existe una contradicción apabullante en nuestro planteamiento de dirigir el liderazgo ignaciano a los no creyentes.

En efecto, el liderazgo ignaciano no puede reducirse a un método de organización o de dirección de organizaciones. Esto significaría descontextualizar el liderazgo ignaciano y transformarlo en una institución ligera, o más propiamente vacía de contenido.

San Ignacio no construyó el discernimiento como una cuestión meramente intelectual, sino como *una reflexión interna profundamente cristiana.*

> *No el mucho saber harta y satisface el alma, sino el sentir y gustar las cosas internamente. EE 2.*

Dos ideas invitan a considerar que efectivamente el liderazgo ignaciano es proyectable a un no creyente. La primera es el mismo ejemplo de San Ignacio. En efecto, y siendo creyente, Íñigo de Loyola era un hombre de fe laxa antes de la herida que sufrió en el sitio de Pamplona. Desde una relación con el cristianismo más bien pasiva, él fue quien construyó la teoría del discernimiento y redactó los Ejercicios en la cueva de Manresa. Siendo esto así, ¿por qué un no creyente no puede descubrir y abrazar la espiritualidad ignaciana, y aplicarla en su vida diaria?

Así, si San Ignacio experimentó en Loyola, durante su convalecencia, una «mudanza en el alma»[1], bien la puede sentir un no creyente. Gracias al liderazgo ignaciano, el no creyente puede percibir una «mutación de su vida»[2] y encontrar consuelo.

La segunda es que la Compañía de Jesús, en la primera de sus cuatro Preferencias Apostólicas Universales, se plantea «ayudar a las personas a encontrar a Dios y a Jesucristo mediante los Ejercicios Espirituales y el discernimiento». Por ello, el liderazgo ignaciano se convierte en un instrumento de catequesis, que va dirigido a reforzar la fe del creyente, pero muy especialmente a transmitir la fe al no creyente.

Como recuerda el Papa Francisco, «Dios es amor»; allí donde hay amor, allí está Dios[3]. Por tanto, al no creyente, a través del liderazgo ignaciano, habrá que conducirle hacia el amor, en un proceso de humanización o rehumanización, porque –al margen

---

[1] Expresión que tomo prestada de su Autobiografía.

[2] En una carta a San Francisco de Borja, le dice Ignacio: «Cuando Dios N. S. me hizo merced para que yo hiciese alguna mutación de mi vida, me acuerdo haber recibido algún provecho en mi ánima velando en el cuerpo de aquella iglesia de noche». Cit. En Autobiografía... *op. cit.* Pág. 55.

[3] La cita pertenece al Evangelio según San Juan, 1-4: «Dios es amor; y el que permanece en amor, permanece en Dios, y Dios en él».

de etiquetas sobre la confesión cristiana– un no creyente puede vivir bajo el carisma ignaciano –léase el cristianismo– sin ser consciente de ello: si enfoca su vida desde la procura del bien, desde la reconciliación, el cuidado de la casa común... entonces sí que el liderazgo no sólo es compatible, sino que *se convierte en un instrumento de transmisión de la fe*. De hecho, miles de personas no cristianas han dado su vida por la justicia y la paz.

Necesita un requisito el no creyente para formarse en el carisma ignaciano, y es que tenga *una base de bondad*. Si en él ha germinado la semilla del mal (ser «enemigo de natura humana», al decir de Ignacio[4]), sólo así resultará imposible trabajar en él el discernimiento ignaciano. Pero si es un espíritu bueno, podrá aprender a percibir, pensar, juzgar elegir y actuar en favor de los demás, especialmente de los más necesitados. Y en este campo puede germinar el discernimiento como método y modo de proceder.

La clave, como decimos, está en el bien, y esto distingue claramente el liderazgo de otros métodos organizativos que no se inspiran en el carisma ignaciano. Al decir de Adolfo Nicolás, se debe «distinguir entre liderazgo y gestión. El gestor hace las cosas

---

[4] De nuevo la distinción entre el bien y el mal se halla presente en Ignacio de Loyola. Él se refiere al ángel malo y al ángel de luz: «La cuarta: es propio del ángel malo, que se disfraza de «ángel de luz», entrar con lo que gusta al alma devota y salir con el mal que él pretende; es a saber, traer pensamientos buenos y santos conforme a esa alma justa; y después, poco a poco, procura salirse con la suya, trayendo al alma a sus engaños cubiertos y perversas intenciones». EE 332.

bien. El líder hace cosas buenas»[5]. A Jesús se le recuerda porque «pasó haciendo el bien»[6].

Es más, Jesús pone un ejemplo certero de cómo un no creyente puede proyectar amor y servicio: es el caso de la parábola del buen samaritano (Lucas, 10, 25-37). Un sacerdote y un levita dieron un rodeo cuando se toparon con un hombre mal herido; en cambio, el samaritano, que era un herético, «al verlo tuvo compasión; y, acercándose, vendó sus heridas, echando en ellas aceite y vino; y montándolo sobre su propia cabalgadura, lo llevó a una posada y cuidó de él. Al día siguiente, sacando dos denarios, se los dio al posadero y dijo: Cuida de él y, si gastas algo más, te lo pagaré cuando vuelva». Jesús de Nazaret demostró a los doctores de la ley que el samaritano, por tener compasión, fue mejor creyente que el sacerdote y el descendiente de la tribu de Leví.

Por tanto, el no creyente puede recibir e incluso proyectar liderazgo ignaciano, porque Dios le puede guiar perfectamente en el amor y servicio a los demás.

En un momento inicial, posiblemente el no creyente no sea una persona de oración; pero si conseguimos que se vuelque en el amor, entonces será una persona de servicio. Y todo ello sin renunciar a que siga progresando en su espiritualidad y el discernimiento le transforme en una persona de oración.

En este sentido, el modo de proceder de los jesuitas es incluyente, y hace posible que en la comunidad de «compañeros en la misión» formen parte personas de diferentes tradiciones religiosas y espi-

---

[5] NICOLÁS, A. *Liderazgo ignaciano. Colección... op. cit.* Pág. 23.

[6] En la Liturgia de la Palabra, Hch.10, 34-38, Pedro dice de Jesús «que pasó haciendo el bien».

rituales, incluso ateos y agnósticos. Sólo necesitan el compromiso con el carisma ignaciano.

> El liderazgo de una obra jesuita depende del compromiso con la misión y puede ser ejercido por jesuitas o por otros... deben estar comprometidos con la misión de la Compañía de Jesús tal como se concreta en la obra particular, aunque pertenezca a otras tradiciones espirituales o religiosas distintas de la nuestra. CG 35, D. 5, n. 11.

Por último, en este punto, quiero precisar que el liderazgo ignaciano *no es una mera filantropía.* De nuevo esto significaría desnaturalizar esta institución. Ciertamente, el amor y el bien a que se dirige el carisma ignaciano no es un amor meramente superficial, sino que es nada menos que el amor de Dios, el sueño de Dios. Por ello el liderazgo ignaciano no puede renunciar a sus raíces profundamente cristianas.

En tiempos en que la solidaridad goza de gran predicamento y que muchos jóvenes se manifiestan y muestran solidarios, en clave ignaciana debemos admitir que no es suficiente ser solidarios, sino que la solidaridad debe transformarse en una compasión inteligente, responsable y activa[7].

No se olvide que el lema de «en todo amar y servir» va unido al otro de «ad maiorem Dei gloriam». Toda acción del que está imbuido el carisma ignaciano tiene como referente la mayor gloria de Dios. No se actúa haciendo un bien para calmar y auto engañar la conciencia, sino que se trabaja viendo a Dios en las demás personas. Por ello, el amor que nace del liderazgo ignaciano es de una notable profundidad.

---

[7] «La pastoral universitaria tiene mucho que hacer para fomentar tal compasión inteligente, responsable y activa, que es la única compasión que merece el nombre de solidaridad». P. H. Kolvenbach, 2000.

Se ha extendido con notable amplitud, especialmente entre la población joven, un movimiento en contra de cualquier regla o norma. Incluso hay métodos de enseñanza, que se autoproclaman muy avanzados, que parten de que hay que eliminar cualquier regla y que el alumno tiene que ir experimentando por sí mismo, aprendiendo de sus errores, pero nunca de la enseñanza de un docente. Este mensaje no es más que la apuesta por el individualismo, olvidando la vida en sociedad y menospreciando al resto de personas. A día de hoy todo el mundo esgrime de manera absoluta sus derechos frente a los demás, sin que se haga el más mínimo ejercicio de ponderación en un contexto más amplio, y mucho menos de respeto a los derechos e intereses de los demás, que sencillamente no existen.

Al mismo tiempo, y como consecuencia de que en términos generales hemos abandonado por completo la educación, *el pensamiento se ha vuelto muy simplista*. La eliminación de asignaturas como la filosofía, el latín o el griego de los planes de estudios, han mermado significativamente la capacidad intelectual de la población. Las tecnologías, que son una herramienta de gran utilidad, en cambio han introducido una forma de relacionarse muy pobre, fomentando exclusivamente la cultura audiovisual, elevando a la categoría de dogma y de verdad aquello que puede ser una falsedad...

Por todo ello no podemos dejar de admitir que el mensaje cristiano encaja con enorme dificultad en este mundo tocado por el escepticismo y el pensamiento débil. ¿Cómo hacer creer el misterio de la fe a alguien que no cree más que en sí mismo y que no pasa de leer mensajes de teléfono en soledad?

Debemos ser conscientes de que –sin menoscabar la autenticidad de la misión y el carisma ignacianos– habrá que ser sibilinamente seductores en nuestra labor catequética, tratando de convencer desde el ejemplo en primer lugar, y seguidamente desde la demostración del amor, que es el núcleo del liderazgo ignaciano.

Aunque enarbole la bandera del escepticismo, el agnóstico y el ateo tienen sentimientos, de hecho, experimentan el amor. Si existe capacidad de amar, entonces es posible que germine y crezca el carisma ignaciano. Basta que cualquiera de estos elementos se articule en torno al humanismo, a la bondad y a la humildad, al *para los demás*, para que surtan efecto, aunque se encuentren despojados de religiosidad. La única línea roja a mi modo de ver será el mal y la soberbia (que es otro tipo de mal): para cometer un crimen no se discierne, sino que se intriga; no se tiene fortaleza de ánimo, sino atrevimiento descarnado...

Esto significa que el carisma ignaciano, sin renunciar a la espiritualidad, se halla más cerca de las personas concretas que de la teología especulativa. Y esta es una cualidad muy acusada entre los jesuitas, *el sentido práctico de las cosas*, su cercanía a las personas (acompañamiento) y relativizar las cosas en función de su influencia en el bien de las personas, por encima en ocasiones de planteamientos estrictamente dogmáticos. Esto les ha valido muchas críticas a la Compañía, a la que se ha llegado a atribuir a lo largo de la historia un espíritu revolucionario en el seno de la Iglesia.

En este sentido las claves del liderazgo ignaciano no son exclusivas del cristianismo, y en esto radica la genialidad de Ignacio de Loyola, en construir –desde la espiritualidad cristiana más íntima– un ideario de validez universal, aplicable a los que creen en otra cosa e incluso a los que no creen en nada. En consecuencia, el liderazgo ignaciano se convierte en un instrumento de diálogo interreligioso y de acercamiento a agnósticos y ateos.

Resumiendo, y como conclusión de lo que venimos diciendo, sí es posible dirigir formación ignaciana a no creyentes, con la única condición que sean almas tocadas por el bien. A partir de aquí, el no creyente puede iniciarse en un peregrinaje hacia la espiritualidad cristiana[8].

2.- ¿Cómo percibe el no creyente a la Iglesia?

Llegados aquí, no está de más plantearse cuál es la imagen que tienen el agnóstico y el ateo de la Iglesia, cómo nos ven a los creyentes, si sienten curiosidad, envidia, indiferencia, o simplemente rechazo de plano. Es importante esta pregunta porque el acercamiento desde el carisma ignaciano necesita plantearse el contexto y las relaciones subjetivas del no creyente.

No es nada nuevo afirmar que el no creyente piensa que la religión es una quimera propia de gente mayor trasnochada; puede pensar asimismo que consiste en un negocio de las jerarquías eclesiásticas. Puede que se muestre indulgente con la labor social de la Iglesia, con la ayuda a los necesitados, atribuyendo a la Iglesia meramente la condición de

---

[8] El término peregrinaje no resulta del azar. En su Autobiografía, Ignacio se presenta como un peregrino, un concepto que tiene un profundo contenido cristiano, con hondas raíces bíblicas y una presencia permanente en la historia de la Iglesia RAMBLA BLANCH, J. M. *El Peregrino... op. cit.* Pág. 157.

organización no gubernamental (ONG). De hecho, puede que considere imposible su fe en Dios.

No se olvide que un porcentaje muy elevado de la población se encuentra conscientemente cerrado a la trascendencia, y por extensión a Dios. Es muy difícil exhibir un símbolo cristiano. En España muchas clínicas y hospitales privados, que tradicionalmente tenían un crucifijo en cada habitación, los tienen que retirar porque se los encuentran con frecuencia en la papelera. El laicismo viene acompañado de un inmanentismo ambiental que desafía al creyente y que desde luego alimenta al no creyente.

Por consiguiente, hay que saber que el creyente, a la hora de transmitir el liderazgo ignaciano al no creyente, *se va a encontrar con una inevitable resistencia*, y que sólo desde la persuasión y desde la invitación discreta de la sospecha se podrá ir acercando al no creyente.

En cualquier caso, el no creyente puede entender a través del liderazgo ignaciano que la fe es un camino hacia la libertad; que su imagen estereotipada de la religión –lo que considera un anquilosamiento en situaciones obsoletas sin sentido– no se corresponde con la realidad y que, al contrario, la fe conduce a la libertad en toda su extensión: al descubrir la fe, el no creyente se convierte en una persona totalmente libre de prejuicios, hasta el punto que sólo una libertad consciente, articulada en torno a Dios, es lo que le lleva a la fe.

3.- Actitud del cristiano ante el no creyente

Una cuestión que ha de plantearse el creyente es cómo tratar al no creyente.

Los primeros cristianos se organizaban en comunidades cerradas, como consecuencia de la persecución a que estaban sometidos. A día de hoy existen grupos con escasa permeabilidad social como los menonitas en Europa o los *amish* en Estados Unidos[9]. Sin embargo, la vida moderna se organiza en general con total integración y convivencia de culturas, razas y credos.

Hasta la irrupción virulenta y con furia del laicismo, el creyente vivía y se desenvolvía en un contexto de cierta facilidad para ser creyente y practicar. En cambio en la actualidad, porque el contexto no acompaña, ser cristiano se ha convertido en un acto de valentía, de lucha contra corriente. Esta situación hace que la vivencia de la fe sea más auténtica, porque el compromiso es mayor y más puro. Ya no se trata de un dejarse llevar con indiferencia, sino una adhesión personal consciente.

Y a pesar de que en Europa el cristianismo vaya camino de convertirse en una religión minoritaria, no es menos cierto que el creyente –desde el liderazgo ignaciano– debe plantearse cómo dirigirse al no creyente. El Papa Francisco, desde su liderazgo indiscutible, se refiere a esta cuestión con un razonamiento de extremada sencillez, que no admite discusión: Dios es amor y en consecuencia tratemos al no creyente con amor; nada más.

En efecto el laico difícilmente va a hacer una labor catequética o evangelizadora en su vida diaria, más allá de su ejemplo como creyente y la defensa de los valores cristianos. No se le puede exigir menos, como tampoco se le puede exigir que vaya predicando, salvo excepciones. Su posición en la Iglesia, que

---

[9] BAUZÁ MARTORELL, F. J. *La experiencia eremítica...* Pág. 38.

no es intrascendente, es la de la vivencia de la fe en su contexto familiar, social y profesional.

Y en ese contexto reviste especial importancia el amor. Porque, como dice el Santo Padre, efectivamente Dios es amor. Ningún otro dios ha muerto en una cruz por amor a sus hijos[10], de manera que el creyente no puede tratar al no creyente más que con amor, siguiendo *el modo de proceder* marcado por Jesús.

La actitud del cristiano debe articularse en torno a la misericordia. La espiritualidad ignaciana consiste en ser consolados y compasivos, siempre discerniendo. Es por eso que los cristianos estamos llamados a la alegría.

De hecho, San Ignacio en la Contemplación para alcanzar amor (cuarta semana), explica una nota previa:

> *Primero conviene advertir en dos cosas:*
> *La primera es que el amor se debe poner más en las obras que en las palabras.*
> *La segunda: el amor consiste en comunicación de las dos partes, es a saber, en dar y comunicar el amante al amado lo que tiene o de lo que tiene o puede, y así, por el contrario, el amado al amante; de manera que si el uno tiene ciencia, dar al que no la tiene, si honores, si riquezas, y así el otro al otro.*

Para un cristiano amar al prójimo, sea creyente o no creyente, es seguir el mensaje de Dios, la voluntad divina en palabras de Ignacio. En consecuencia, dejemos a Dios ser Dios, porque en definitiva el liderazgo ignaciano es dejarse liderar por Dios, es cumplir la misión de Dios, el sueño de Dios: el amor samaritano.

---

[10] ALCOVER IBÁÑEZ, N. *Los humillados serán exaltados*. Pregón de Semana Santa. Palma de Mallorca, 2015. Pág. 8. Inédito.

4.- El discernimiento del no creyente: de la sospecha a la libertad.

Aunque alguien tenga dificultades o resistencias –incluso rechazo de plano– para aceptar la soberanía de Dios, el discernimiento le resulta plenamente aplicable. Y ello porque *en el centro del discernimiento se encuentra la persona,* en su contexto y en su historia. Y el agnóstico o el ateo pueden perfectamente estar dotados de un sentido de humanidad. Así, una primera semilla de discernimiento existe en el no creyente. Veamos de qué manera puede germinar.

La posición de partida para el discernimiento es la humildad. En los Ejercicios Espirituales de San Ignacio la primera semana se aprende a empequeñecerse para reconocer la inmensidad de Su Majestad Divina, el Principio y Fundamento:

> *El hombre es criado para alabar, hacer reverencia y servir a Dios nuestro Señor y, mediante esto, salvar su ánima; y las otras cosas sobre la haz de la tierra son criadas para el hombre, y para que le ayuden en la prosecución del fin para que es criado. De donde se sigue, que el hombre tanto ha de usar dellas, quanto le ayudan para su fin, y tanto debe quitarse dellas, quanto para ello le impiden. Por lo qual es menester hacernos indiferentes a todas las cosas criadas, en todo lo que es concedido a la libertad de nuestro libre albedrío, y no le está prohibido; en tal manera, que no queramos de nuestra parte más salud que enfermedad, riqueza que pobreza, honor que deshonor, vida larga que corta, y por consiguiente en todo lo demás; solamente deseando y eligiendo lo que más nos conduce para el fin que somos criados. EE 23.*

Nuevamente, el no creyente puede estar en esta posición de humildad, donde puede crecer el discernimiento. El discernimiento es un ejercicio de fe, de confianza (en Dios). Si el no creyente sufre de soberbia, difícilmente tendrá permeabilidad para dejarse inundar por el amor y el servicio. La arrogancia, la altivez o la altanería constituyen una barrera muy difícil de franquear en el seno del humanismo cristiano. La humildad es un requisito esencial para buscar la comunión con el Señor, porque sólo desde la humildad cualquier persona –creyente y no creyente– puede dejarse contagiar por el amor y el consuelo.

Por último y en línea con la humildad, el no creyente en muchos momentos de su vida se va a enfrentar a un sentido de superioridad ante los demás: intelectual, profesional, personal, ética, económica… de todo tipo. Y aquí vuelve a necesitar el discernimiento como elemento de liberación para regresar a su yo auténtico.

En efecto, el discernimiento parte de una sospecha, para dirigirse a la libertad, no una libertad física o material, de hacer lo que uno desea, sino una libertad total, plena, de madurez. La función de la sospecha deviene fundamental en el discernimiento, incluso para los creyentes. No por ser creyente y hasta practicante se conecta con la misión de Dios. Freud ya hizo ver que el inconsciente religioso presenta una doble perspectiva, tanto buena como mala[11]. Por eso es que todos, creyentes y no creyentes, nos enfrentamos a las resistencias egoístas del yo, que derivan hacia la megalomanía y el narcisismo. Y todo esto resulta sumamente esclavizador para el ser humano,

---

[11] MORITZ, M. C. «Algunas ideas de Freud sobre la religión». *Revista Pilquen*. Centro Universitario Regional Zona Atlántica. Universidad Nacional del Comahue. Viedma, Río Negro, Argentina. 2012.

independientemente del componente religioso. Basta ver gráficamente cómo Salvador Dalí –de acuerdo con su método crítico-paranoico– interpreta la degeneración de Narciso.

La metamorfosis de Narciso, Salvador Dalí. 1936-1937. Tate Gallery. Londres.

Por ello la sospecha del discernimiento conduce a la persona a conocerse a sí misma y a conocer a los demás, todo ello por su propia experiencia; en definitiva, a alcanzar la madurez humana, que consiste en aceptar la finitud con esperanza y, desde esa finitud, construir algo válido para el hombre[12].

Y este método vuelve a ser plenamente aplicable al no creyente. El discernimiento será para él un método para percibir la realidad y referenciarla al humanismo cristiano. Con ello y al margen de etique-

_____

[12] GARRIDO, J. «Discernimiento y acompañamiento». *Apuntes*, 6. Instituto Teológico de Vida Religiosa. Facultad de Teología. Vitoria-Gasteiz, 2001.

tas religiosas, el no creyente tiene a la persona en el centro de su toma de decisiones, acaba cumpliendo un servicio y un ministerio para la orientación de la sociedad a descubrir la voluntad de Dios; y ello aunque, de suyo, no cuente explícitamente con Dios.

5.- El acompañamiento del no creyente

Nuevamente la pregunta vuelve a ser la misma: *¿puede un no creyente acompañar a otro?* Hemos visto cómo el acompañamiento consiste en una labor de mediación para dejar que el Espíritu actúe en el acompañado, y este componente teológico no existirá en el no creyente.

Sin embargo, sí puede dar modo y orden a un tercero, inspirado en el amor y servicio. En este sentido, aunque no se hable de Dios como tal, sí se estará orientando la actuación del acompañado hacia la voluntad de Dios. En efecto, entre las Anotaciones de los Ejercicios Espirituales hay algunas difíciles de aplicar al no creyente acompañante, como la táctica espiritual (9-13 y 16); sin embargo, otras sí son perfectamente predicables a un acompañante no creyente: la consolación y desolación (14, 17), comunicar las reglas del discernimiento (8-10), o responder ante las mociones del otro (6, 10, 14-15).

Así, el no creyente puede dirigir una relación de ayuda a un tercero, y esa ayuda consiste en toda relación en la que al menos una de las partes intenta promover en el otro el crecimiento, el desarrollo, la maduración y la capacidad de funcionar mejor y enfrentar la vida de manera más adecuada[13].

---

[13] ROGERS, C. *El proceso de convertirse en persona*. Paidós. Barcelona, 1994. Pág. 40.

Esa relación de ayuda que brinda el no creyente es un «caminar juntos» en el amor y servicio; quizá con un componente menos acusado de espiritualidad y teología[14], pero sin duda un acompañamiento que haga posible en el acompañado un crecimiento hacia la plena madurez en su vida cristiana.

El acompañante no creyente, desde el discernimiento articulado alrededor del bien y el amor, se convierte así en un instrumento plenamente válido para que el acompañado sea protagonista de su transformación, tome conciencia de sus propios recursos y desarrolle sus funciones psicológicas y hasta espirituales, por qué no.

Esta relación de ayuda, este encuentro interpersonal, se traduce en un encuentro de ayuda donde se da un diálogo entre dos personas en orden al crecimiento del acompañado[15], aunque en este caso del no creyente, también es posible el crecimiento del acompañante. En este caso, el no creyente es un mediador, porque también el Espíritu puede ir trabajando en él para su crecimiento espiritual.

---

[14] La escena bíblica por antonomasia del «caminar juntos» consiste en el encuentro de Jesús con Cleofás camino de Emaús (Lc 24, 13-35). BARRIO, J. «Acompañar: ¿en qué y hacia qué?» *Sal Terrae* núm. 73. 1985. Págs. 344 a 351. Sobre la experiencia de Emaús, *vid.* también ALCOVER, N. *Memorias de Cleofás. Cartas desde Emaús a los cristianos del siglo XXI.* Mensajero. 2006.

[15] Giordano Bruno aplicó la filosofía y el procedimiento de la relación de ayuda al acompañamiento espiritual, con un método basado en el diálogo. GIORDANI, B. «Una nueva metodología para la dirección espiritual» *Seminario* núm. 28. 1982. Págs. 147 a 161. *Vid.* también BRUNO, G. *Mundo, Magia, Memoria.* Edición de Ignacio Gómez de Liaño. Libros del Innombrable. Madrid, 2021.

6.- Mensajes de Ignacio de Loyola que son de rabiosa actualidad para un no creyente

Existen indicaciones de Ignacio de Loyola que, cinco siglos después, siguen siendo actuales; es más, lo son para laicos y no creyentes. Esos mensajes forman parte del carisma ignaciano.

A.- *Alcanza la excelencia y compártela*

La excelencia se ha convertido en un objetivo de cualquier organización, ya sea pública o privada. Los estándares de calidad, las encuestas de satisfacción... son instrumentos que permiten medir y progresar en la excelencia.

Este concepto, tan netamente ignaciano y vinculado al magis, resulta trasladable a cualquier persona.

A mayor abundamiento, la excelencia no puede ser algo exclusivamente personal. De la misma manera que no es imaginable un docente que atesora conocimientos y no los transmite, así mismo cualquier líder comparte sus méritos y los pone a disposición de la organización que lidera.

En esa cualidad de compartir radica el amor y servicio ignacianos, de ahí que –nuevamente– confirmamos que un no creyente puede aplicar rasgos del carisma ignaciano sin apenas darse cuenta.

B.- *El examen de conciencia es siempre el mejor medio para cuidar bien el alma*

La reflexión permanente constituye una necesidad de cualquier líder. La atención al entorno, al contexto, a las circunstancias cambiantes... forma parte de la tarea ordinaria de cualquier responsable de una familia, de una empresa, una asociación...

Un líder debe tomar decisiones y por ello debe estar en continua reflexión, valorando pros y contras, oportunidades y amenazas, calculando los tiempos...

En el no creyente posiblemente el examen de conciencia no tenga a Dios como referente, pero –en un escenario de bondad– sí tendrá la mirada puesta en el prójimo, y ahí ya existe un componente cristiano.

C.- En ejercicio de desolación nunca hacer mudanza, salvo para ir en contra de la causa de tal desolación

Un líder no puede dejarse llevar por los impulsos; de hecho, la indicación anterior conduce a la meditación. Esta recomendación de los Ejercicios Espirituales (quinta regla de la primera semana) también puede aplicarse sin matices al no creyente:

> En tiempo de desolación nunca hacer mudanza, mas estar firme y constante en los propósitos y determinación en que estaba el día antecedente a la tal desolación (EE, 318).

Inevitablemente el líder sufre momentos de crisis (San Ignacio habla de desolación) y es por eso que en tales circunstancias, conviene esperar a que se recupere la normalidad y poder decidir con libertad, al margen de presiones y condicionantes extremos.

D.- Quien evita la tentación evita el pecado

Otra máxima de vida que sugiere San Ignacio consiste en alejarse del mal (el mal espíritu), de entornos que puedan afectar de manera negativa. Así, lejos de ese foco pernicioso, el líder evita el riesgo de cometer errores que perjudiquen su amor y servicio a los demás.

E.- ¿De qué sirve ganar el mundo, si al final pierdes el alma?

Este mensaje apela a la humanidad del líder. Ignacio de Loyola llama a valorar que la riqueza es pasajera y que en cambio el alma es inmortal.

Una forma de «ayudar a las almas» es precisamente recodar que los bienes materiales no pueden pesar más en la vida de un hombre que los bienes espirituales, y que el cultivo del alma resulta esencial para la misión de servir al prójimo.

7.- La consciencia en el no creyente: ordenar los afectos

El carisma ignaciano hace posible que el no creyente se convierta en una persona consciente, es decir, sensata, responsable, cuidadosa, consecuente, formal, prudente, y hasta juiciosa.

Si es una persona sensible, el no creyente puede dejarse afectar sentimentalmente por las personas, haciendo acopio de una afirmación ignaciana:

No el mucho saber harta y satisface el alma, sino sentir y gustar las cosas internamente. EE 2.

Con esa consciencia de los valores cristianos, el no creyente puede pasar a ordenar los afectos.

En efecto, el discernimiento ignaciano activa la escucha a nuestra propia experiencia, a resignificar nuestras creencias y a revalorar nuestras prioridades. El carisma ignaciano tiene un efecto transformador, de manera que el no creyente –hasta entonces movido por miedos, inseguridades y apegos vacíos– pasa a creer que otro mundo es posible, otro mundo articulado en torno a la justicia, el bien y la paz. Y todo esto lo puede conseguir el no creyente, de ahí que pase a encarnar el liderazgo en clave de discernimiento.

Ordenar los afectos desordenados supone un alivio para cualquiera, incluido el no creyente, de manera que se libra de ataduras estériles que sólo le dirigen a la arrogancia y al juicio sobre los demás. Ordenar los desafectos conduce a vivir desde la pertenencia a la comunidad.

8.- La competencia en el no creyente

El liderazgo ignaciano va a procurar que el no creyente ofrezca la mejor versión de sí mismo.

En efecto, la competencia que le confiere el carisma ignaciano se traduce en un conjunto de conocimientos, habilidades, criterios, valores y actitudes que le permiten vivir en clara sintonía con su vocación transformadora.

En este sentido, y al igual que el no creyente debe ser objeto de acompañamiento, él mismo deberá atender el cuidado de las personas de su organización o, cuando menos de su entorno. El cuidado de los demás forma parte de la misión, una cura que se asume libre y amorosamente; el no creyente no tiene obstáculo alguno para procurar este cuidado.

Asumiendo el liderazgo, el no creyente teje vínculos de confianza y amistad con los miembros de la comunidad, y hace que entre ellos también se generen tales vínculos. El no creyente puede así facilitar la escucha y el diálogo incluyente hasta llegar a conformar una unión de ánimos en la comunidad.

El termómetro que permitirá acreditar si el no creyente ejerce liderazgo ignaciano consiste en su organización: en función del grado de consuelo o de desolación, de un espíritu u otro, de una bandera u otra... así podrá medirse la salud o la calidad del liderazgo ignaciano del responsable de una entidad[16].

9.- La compasión en el no creyente: de la humildad a la reconciliación

El carisma ignaciano puede convertir al no creyente en una persona compasiva. Como hemos visto, el hacerse indiferentes frente a los desafectos (internos y externos) es un camino que conduce a la libertad; como también lleva a la libertad la misericordia, de manera que es un hecho pacífico que el perdón hace libre al que perdona: hasta que no consigue perdonar, es esclavo de desafectos (rencores, pensamientos negativos, deseos de venganza...) que le han violentado.

El no creyente puede hacer un ejercicio de introspección interior, refugiarse en el silencio (sonoro) y la soledad (acompañada) para –desde los valores del carisma ignaciano– depurar desafectos y rencillas, fruto de inseguridades y recelos. Confiando en el amor de Dios (lo cual exige grandeza de ánimo), desde la humildad y previa sensibilidad con el contexto histórico y el entorno, puede alcanzar la reconciliación.

En efecto los Ejercicios hacen ver la pequeñez del hombre frente a la grandeza de Dios, el Principio y Fundamento. Sólo la humildad puede generar una

---

[16] Para Adolfo Nicolás, «si quieres saber cómo lo está haciendo un líder, mira a su comunidad. Mira a la gente, mira a sus colaboradores». NICOLÁS, A. *Liderazgo ignaciano. Colección... op. cit.* Pág. 23.

actitud compasiva, que haga aflorar de manera natural el perdón.

Y la reconciliación se convierte así en un medio para alcanzar la libertad plena: con uno mismo, con los demás y con el contexto.

10.- El compromiso del no creyente

Con una referencia al carisma ignaciano, el no creyente puede convertirse en una persona comprometida con el amor y ello le conduce a actuar en favor de las personas y la naturaleza, en procurar el bien.

En efecto, el compromiso lleva al no creyente –en los mismos términos que al creyente– a actuar con una voluntad transformadora de la realidad. Y ello es así porque el liderazgo ignaciano se traduce en una opción de vida inspirada en los valores cristianos de justicia, inclusión y paz.

Para Pedro Arrupe, no se concibe el amor a Dios sin amor al prójimo[17]. Por este motivo, si el no creyente siente amor y misericordia por los demás, habrá alcanzado una meta de auténtica plenitud.

---

[17] «Nuestra meta y objetivo es formar hombres que no vivan para sí mismos, sino para Dios y su Cristo, para aquel que por nosotros murió y resucitó; hombres para los demás, es decir, hombres que no conciban el amor a Dios sin amor al prójimo; un amor eficaz que tiene como primer postulado la justicia y que es la única garantía de que nuestro amor a Dios no es una farsa». ARRUPE, P. Alocución al X Congreso de la Confederación Europea de Asociaciones de Antiguos Alumnos de Jesuitas, en *Hombres para los demás*. Barcelona, 159. 1983. Pág. 159.

11.– La contemplación en la acción del no creyente

Con los elementos del carisma ignaciano, el no creyente puede alcanzar el liderazgo de discernimiento, y hacer acopio del ideal jesuítico de la contemplación en la acción.

El no creyente descubre en el liderazgo ignaciano la necesidad de la contemplación, del silencio, de la reflexión interior, que –articulado en torno al bien y al amor– acaba siendo un diálogo con el Señor. El agnóstico y el ateo se plantean por qué existe el mal y cómo pueden combatirlo, de manera que esa necesidad les conduce a la acción.

En efecto, de la contemplación seria e interna, el no creyente se planta ante la acción, ante la premura de intervenir; y aquí nace la misión. Lo que hace el no creyente es servir a través del ejercicio de la autoridad.

No se olvide que la gran aportación de la espiritualidad ignaciana consiste en ver a Dios en todas las personas y cosas. Hasta la fundación de la Compañía de Jesús muchas Órdenes asociaban la unión con Dios a la oración y a la Eucaristía. Ignacio de Loyola en cambio, sin desmerecer lo anterior, hace una llamada a la acción porque Dios está en cada una de las personas, está en la Naturaleza…. De ahí que la misión de los jesuitas sea salir al exterior y actuar para hacer posible la misión de Dios.

En efecto, para Ignacio la tensión entre la intimidad con Dios que procura la oración y la acción de servicio[18], debe resolverse preferentemente en favor

---

[18] En una carta a Diego Mirón, provincial de Portugal, que había sido requerido para ser confesor de la Corte, Ignacio le indicaba cómo debía resolver la tensión entre la solicitud por su propia

de esta última. En la regla segunda para el discernimiento de espíritus, propia de la Primera Semana de los Ejercicios, escribe que –para quienes tratan de acceder a una mayor intimidad con Dios– es

> *Propio del buen espíritu dar ánimo y fuerzas, consolaciones, lágrimas, inspiraciones y quietud, facilitando y quitando todos impedimentos, para que en el bien obrar proceda adelante.* EE 315.

Y en la «Contemplación para alcanzar amor» explica cómo hay que

> *Ponderar con mucho afecto cuánto ha hecho Dios nuestro Señor por mí y cuánto me ha dado de lo que tiene, y consequenter el mismo Señor desea dárseme en cuanto puede según su ordenación divina.* EE 234.

La contemplación en la acción es, por consiguiente, perfectamente asumible por un no creyente. Su deseo de evitar y hasta combatir el mal, y de procurar el bien, le lleva –desde el compromiso– a actuar en clave de bondad. En la conjunción del amor de la contemplación y el servicio de la acción el no creyente acaba por compartir misión con la espiritualidad ignaciana.

---

vida espiritual y la solicitud por la de los demás: «Pero tornando a las causas por las que no deberíais rehusar este asunto, digo que aun la de vuestra seguridad no me parecería relevante. Porque si no buscásemos otro fin, según nuestra profesión, sino andar seguros, y hubiésemos de posponer el bien de las ánimas por apartarnos lejos del peligro, no habíamos de vivir y conversar con los prójimos. Pero según nuestra vocación, conversamos con todos ( ); y andando con intención recta y pura ( ) Cristo nos guardará por su bondad infinita. Y si esta profesión no tomase su potente mano, no bastaría apartarnos de peligros semejantes para no caer en ellos y otros mayores». Monumenta Histórica SL. Cit en BARRY, W. – DOHERTY, R. Contemplativos op. cit. Pág. 60.

12.- El carisma ignaciano hace que el no creyente actúe como un creyente. El discutido problema de la fe implícita.

Las reflexiones anteriores nos plantean inevitablemente una pregunta de gran calado: ¿puede el no creyente ejercer de cristiano? La respuesta es afirmativa, aunque debe matizarse porque el cristianismo sólo puede vivirse en plenitud, no de forma parcial o sesgada.

Sin duda alguna, cuando el no creyente –a pesar de no compartir la fe cristiana, ser agnóstico o ateo, o incluso seguidor de otra religión– subordina su comportamiento al amor y servicio, lógicamente está actuando como cristiano. Es más, un no creyente que articule su actuación en torno al amor y el servicio, puede llegar a actuar más cristianamente que un creyente que –por mucho que se haya educado en la fe cristiana– en cambio relativiza el amor y el servicio, o la práctica de su fe es más bien pasiva e incluso meramente cultural.

En efecto, el carisma ignaciano –anclado en el discernimiento, en la contemplación en la acción, en definitiva, en la contemplación para alcanzar amor– hace que el no creyente participe activamente de la misión de Dios, y le confiere –respecto del prójimo– su condición de «amigos en el Señor». El no creyente se convierte en una persona consciente de su labor y comprometida con la necesidad de su acción y del valor que aporta.

Por consiguiente, la Iglesia se enfrenta a una tarea titánica, cual es la transmisión de la fe. En el mundo secularizado que hemos comentado, cuesta mucho explicar el mensaje de la doctrina cristiana. Sin embargo, junto con la transmisión de la fe, no se puede olvidar el mensaje ignaciano del amor y servicio, que es un modo de propagar el mensaje de Dios. A partir de ahí, una vez haya calado en el no creyente el amor y servicio, y compruebe que de este modo alcanza la plenitud, puede resultar más fácil transmitir la fe, porque el no creyente comprobará el origen del amor y servicio, que es la fe cristiana.

La espiritualidad ignaciana se construye a partir de la acción; parte del dato de que Dios actúa en el mundo, y lo hace a través de las personas. De ahí que su característica sea la de ser contemplativos en la acción: contemplación sí, pero no exenta de acción. La práctica del amor y el ejercicio del servicio harán del no creyente una persona a través de la cual Dios actúa, como también harán que el no creyente vea a Dios en todas las cosas.

Para Kolvenbach, «en la historia de la espiritualidad cristiana, es probable que Ignacio haya sido la primera persona en percibir la Trinidad como Dios en acción: el Dios que continúa trabajando, llenando el universo y suscitando activamente la vida divina en todas las cosas para la salvación de la humanidad. Si el monje inspirado contempla, el Ignacio inspirado trabaja, adhiriéndose de todo el corazón a los designios de la Trinidad, ofreciéndose a actuar en sinergia con ella, a fin de que su trabajo sea para gloria de la misma»[19].

Esta conclusión de que el agnóstico y el ateo, como también el seguidor de otras religiones, pueden vivir y actuar como cristianos nos sitúa frente al delicado debate de la fe implícita. La fe cristiana sólo se puede vivir y practicar desde la radicalidad,

---

[19] KOLVENBACH, P. H. *The Road from La Storta*. Institute of Jesuit Sources. St. Louis, 2000. Pág. 23.

desde un compromiso sin fisuras. Sin embargo, de la misma manera que un creyente puede llevar una vida distraída, igualmente el no creyente puede practicar el amor y servicio. Esto nos lleva a prescindir de nominalismos y etiquetas, y centrarnos en la actitud real y material.

Una de las cuatro constituciones promulgadas por el Concilio Vaticano II, *Lumen Gentium*, en su número 16 no puede ser más clara:

> *Ni el mismo Dios está lejos de otros que buscan en sombras e imágenes al Dios desconocido, puesto que todos reciben de Él la vida, la inspiración y todas las cosas, y el Salvador quiere que todos los hombres se salven. Pues quienes, ignorando sin culpa el Evangelio de Cristo y su Iglesia, buscan, no obstante, a Dios con un corazón sincero y se esfuerzan, bajo el influjo de la gracia, en cumplir con obras su voluntad, conocida mediante el juicio de la conciencia, pueden conseguir la salvación eterna.*

Así, es evidente que la práctica de otros credos religiosos puede encerrar un embrión de cristianismo[20], porque allí donde existe amor a las personas y cosas, allí existe la misión de Dios. El amor y el servicio, aun desde un teórico agnosticismo o desde otras religiones, encierran una suerte de cristianismo

---

[20] DUPUIS, J. *Hacia una teología cristiana del pluralismo religioso*. Sal Terrae. Santander, 1997. El autor, jesuita, suscitó un gran debate con esta obra, que le valió la suspensión de su actividad sacerdotal durante dos años por la Congregación para la Doctrina de la Fe, que presidía Joseph Ratzinger. Se le acusó de relativista y de igualar las otras religiones al cristianismo. El proceso se archivó.

anónimo[21], como también la presencia de «Cristo desconocido»[22].

En este sentido, siendo cierto que el reto de la Iglesia pasa por recristianizar territorios y sociedades que se han alejado de la fe, el amor y el servicio constituyen unos medios idóneos para ello.

---

[21] RAHNER, K. «El cristianismo y las religiones no cristianas», en Escritos de Teología. Vol. V. Taurus. Madrid, 1964.

[22] PANNIKAR, R. El Cristo desconocido del hinduismo. Marova. Madrid, 1971.

VI.- MOTIVOS PARA LA ESPERANZA

El éxito del carisma y del liderazgo ignacianos, su contribución en favor del bien común, de las personas y en definitiva de la mayor gloria de Dios, son un motivo esperanzador.

A pesar del laicismo imperante y de que el cristianismo sea la religión más perseguida hoy en el mundo, el hecho de contar con un instrumento tan válido como eficaz, incluso entre los que no creen, resulta esperanzador. Ahí están las tandas de Ejercicios Espirituales que se dan continuamente y en todos los formatos (incluso a distancia), en los que en ocasiones existe lista de espera.

Precisamente la crisis de fe es lo que nos tiene que conducir a la espiritualidad, a una espiritualidad solvente y sólida. Y qué mejor espiritualidad que aquella basada en el amor y el servicio. Nada puede ofrecer mayor satisfacción que brindar amor y servicio, que sentirse realizado con verdadera plenitud.

El liderazgo ignaciano es un instrumento de incalculable valor para hacer que el no creyente vea la realidad de otra manera, con los ojos de la fe, y así contribuir a la misión de Dios. La CG 36 (Decreto 1, núm. 3) de la Compañía de Jesús así lo reconoce:

> «Si contemplamos la realidad con los ojos de la fe, con la visión a la que nos ha habituado la Contemplación para alcanzar amor, advertimos que Dios actúa en el mundo. Reconocemos las huellas del trabajo de Dios, del gran ministerio de reconciliación que Dios ha comenzado en Cristo, y que se realiza en el Reino de justicia, paz e integridad de la creación».

El Papa Francisco ha dicho «No os dejéis robar la esperanza, esa que nos da Jesús»[1], y efectivamente los cristianos –de la misma manera que estamos llamados a la alegría– también estamos llamados a la esperanza.

En estos tiempos de crisis del cristianismo, la fortaleza de ánimo resulta más predicable que nunca. A pesar de las dificultades múltiples y continuas para ser y ejercer como cristiano, no podemos abandonar la esperanza de un mundo mejor, para lo cual nos corresponde a cada uno de nosotros, desde la acción, contribuir a formarlo, remar mar adentro y acudir a las fronteras.

Como cristianos y desde el carisma ignaciano, nos corresponde iniciar procesos (sin importar ocupar espacios) desde el fuego del *magis*, el fervor en acción.

Las claves del liderazgo ignaciano son un medio de gran calado para alcanzar ese fin. Siempre a la mayor gloria de Dios.

1.- Discernir en la vida ordinaria

El no creyente puede discernir en su vida cotidiana; pero el discernimiento no se reduce, como venimos diciendo, a un mero cúmulo de conocimientos o habilidades, sino de una disposición para ordenar la vida propia y dirigirla a Dios. Para el no creyente, el discernimiento será una disposición para procurar el bien, la justicia y la ecología.

---

[1] MÜLLER, G. L. *Informe sobre la esperanza*. BAC Popular. Madrid, 2016. Pág. 3.

Aunque el no creyente no reconozca el amor de Dios, si fundamenta en el amor su actitud vital y su actuación ordinaria, habrá hecho acopio –sin saberlo– del modo de proceder de San Ignacio.

En efecto, a través del carisma ignaciano el no creyente puede vivir la experiencia de Dios y propagar los valores del Evangelio. Y todo ello de manera silente, natural, muy similar a la de los Ejercicios, en los que el director se limita únicamente a orientar, dejando que sea el Espíritu Santo el que penetre en el ejercitante.

El discernimiento es el método conforme al cual el no creyente puede transformar la realidad:

> *El discernimiento orante debería ser nuestro modo habitual de acercarnos a la realidad cuando queremos transformarla.* CG 36, D. 1, n. 37.

El no creyente experimentará una sensación de libertad y de felicidad cuando sea capaz de arrinconar los desafectos y sustituirlos por el amor y la reconciliación, por la justicia y la armonía.

El discernimiento es el instrumento para que el no creyente fortalezca su alma y a su vez ayude a las demás almas. Con esto el liderazgo ignaciano hace posible que el no creyente cumpla –o al menos participe de– la misión apostólica.

Esta actitud no es espontánea, sino que proviene inexcusablemente de una experiencia espiritual. Muy probablemente el no creyente no acepte que esta actitud sea una elección de Dios, pero sin duda con su comportamiento se situará en comunión con Dios. Y esa es la grandeza del liderazgo ignaciano: hacer que el no creyente se halle en comunión con Dios, de manera natural, casi silente; dejar a Dios ser

Dios, que ejerza en la vida ordinaria del no creyente el proceso transformador y renovador hacia el compromiso.

Además, el bien –como trasunto del amor– se proyecta no de manera unidireccional, sino multilateral. La ignaciana es una espiritualidad compartida; no se olvide que la Compañía nació como un grupo de amigos para dar servicio a la Iglesia. Es por esto que la persona inspirada en el carisma ignaciano, está llamada a tejer el bien como una red. Si propagamos el bien, estamos transmitiendo la fe.

Y el no creyente que procura el bien –a las personas, a la naturaleza...– está prestando amor y servicio.

2.- Dejarse transformar por el amor

El bien es el elemento catalizador que conduce al discernimiento; y este último transforma a la persona para que a su vez ésta contribuya a transformar la sociedad. Y todo ello se hace gracias al amor. El amor es un bien más profundo, un bien llevado a extremos, a la radicalidad. Por eso –como decimos– el bien es el punto de partida, pero el bien necesita del *magis*, de ir más allá, de no conformarse y de tener la ambición del amor incondicional.

El amor de Dios y su proyección en la comunidad tiene un efecto transformador. Desde la capacidad de amar podemos –creyentes y no creyentes– promover la consciencia, la competencia, el compromiso y la compasión. Ser conscientes de la necesidad y de la plenitud que significa el amor, procurarlo con eficacia y autenticidad, comprometernos en el amor y el servicio, y compadecernos desde el perdón y la ayuda a quienes no lo profesan; esa es la enseñanza del carisma ignaciano.

Hacerse indiferentes a afectos vacíos y superficiales, y a desafectos, va seguido de procurar procesos de reconciliación y en definitiva de humanización.

Dejarse transformar por el amor no es fácil; no consiste tan sólo en transitar del desamor al amor, sino en percibir y asimilar que la angustia, la violencia y el rencor sólo nos conducen a vivir en auténtico desarraigo, y que la única forma de dar sentido a nuestra existencia consiste en instalarnos en el amor.

Esta transformación convierte al no creyente en una persona contemplativa en la acción, porque el amor no es sólo ver, sino también hacer algo con respecto a lo que se ve[2], y a lo que no se ve; porque el amor no es algo tangencial ni mucho menos material, anida en lo más hondo de la espiritualidad. El amor está en el alma, no en el cuerpo. Y en esa acción amorosa descansa el servicio, por ello hablamos de amar y servir, que a su vez se traduce en trabajar por la justicia y la reconciliación, que son otras formas de amor y servicio.

El liderazgo ignaciano en este sentido brinda al no creyente la oportunidad de dejarse transformar por el amor, y hacer que desde ese momento su compromiso sea en favor de una entrega a los demás y al bien común; una entrega que resulta del todo confiada, esto es, confiada en la fuerza irresistible del amor, y una entrega que supone un desafío.

En efecto, el líder ignaciano necesita rodearse de valor –la fortaleza de ánimo de Ignacio de Loyola– para apostar por la justicia y la reconciliación, para

---

2 LOWNEY, C. *El liderazgo... op.* cit. Pág. 112.

cambiar paradigmas y proponer alternativas más humanizadoras, para en definitiva orientar su vida a la consecución de un valor universal.

El carisma ignaciano se concibe así, como la oportunidad que tiene el no creyente de vivir la vida apuntando más alto y más lejos. La ambición del amor y el servicio no conoce límites.

La plenitud es posiblemente la mayor realización que pueda experimentar un ser humano. Al decir de Pedro Arrupe, «no me resigno a que cuando yo muera, siga el mundo como si yo no hubiera vivido».

FINAL

Soy consciente de que abordar una cuestión tan compleja como la desarrollada en tan pocas páginas, puede ser de utilidad para adentrarse con suficiente claridad en la misma; pero exige una ulterior dedicación para profundizar en las mismas cuestiones expuestas, existiendo abundante bibliografía para ello. Y también tener la valentía de exponerse a la praxis personal de unos Ejercicios Espirituales concretos, de forma que –en el silencio y la soledad– se experimente la hondura y la personalización de todo lo escrito.

Solamente entonces, practicando el discernimiento ignaciano de manera personalizada, encontraremos esa fuente de esperanza con que poner fin a nuestra exposición. Porque, y lo repetimos una vez más, jamás las palabras bastan y se hacen necesarias las obras; las acciones de alguien que, instruido en la teoría, es capaz de afrontar activamente su praxis. Para crecer todavía más en nuestro proceso hacia Dios, en la medida en que nos identifiquemos más y más con Jesucristo, el Único que nos lo ha manifestado históricamente.

BIBLIOGRAFÍA

AA.VV. *Escritos esenciales de los primeros jesuitas*. Mensajero-Sal Terrae-Universidad Pontificia Comillas. Madrid, 2017.

ALCOVER, N. «Los jesuitas ante su futuro. A los 500 años de la herida de Ignacio». Diario de Mallorca. Edición de 31 de julio de 2022.

ALCOVER IBÁÑEZ, N. *El discernimiento ignaciano*. http://www.sonbono.org/index.php/el-discernimiento-ignaciano/ Fecha de consulta: 4 de agosto de 2019.

ALCOVER IBÁÑEZ, N. *Los humillados serán exaltados*. Pregón de Semana Santa. Palma de Mallorca, 2015. Inédito.

ALCOVER, N. Memorias de Cleofás. Cartas desde Emaús a los cristianos del siglo XXI. Mensajero. 2006.

ARELLANO, T. «San Ignacio como director espiritual» *Manresa* núm. 28. 1956. Pág. 279.

ARRUPE, P. *El modo nuestro de proceder*. 1979.

ARRUPE, P. Alocución al X Congreso de la Confederación Europea de Asociaciones de Antiguos Alumnos de Jesuitas, en Hombres para los demás. Barcelona, 159. 1983. Pág. 159.

BASS, B., – RIGGIO, R. (Ed.). *Transformational Leadership*. New York: Psychology Press. 2006.

BARRIO, J. «Acompañar: ¿en qué y hacia qué?» *Sal Terrae* núm. 73. 1985. Págs. 344 a 351.

BARRY, W. G. – DOHERTY, R. G. *Contemplativos en la acción. La espiritualidad jesuítica*. Sal Terrae. Madrid, 2019.

BAUZÁ MARTORELL, F. J. *La experiencia eremítica en Mallorca y sus antecedentes históricos*. José J. de Olañeta, editor. Palma de Mallorca, 2016.

BRUNO, G. *Mundo, Magia, Memoria*. Edición de Ignacio Gómez de Liaño. Libros del Innombrable. Madrid, 2021.

CLANCY, T. H. *The Conversational Word of a God: A Commentary on the Doctrine of St. Ignatius of Loyola concerning Spiritual Conversation*. St. Luois Institute of Jesuit Sources. 1978.

Comisión de Liderazgo Ignaciano Red de Pastoral AUSJAL. 2017-2018. Liderazgo Ignaciano: nuestro modo de proceder. Editora: Aurora Zarzosa Percero.

CONTRERAS, F., Y BARBOSA, D. «Del Liderazgo Transaccional al Liderazgo Transformacional: implicaciones para el cambio organizacional» *Revista Virtual Universidad Católica del Norte* núm. 39. 2013. Págs. 152 a 164.

CUESTA CAÑATE, J. D. *Acompañamiento espiritual y relación de ayuda: la actualidad de la experiencia de Ignacio de Loyola*. Universidad Pontifica Comillas. Facultad de Teología. Madrid, 1999.

DAFT, R. *La Experiencia del Liderazgo*. CENGAGE Learning. Méjico, 2006.

DE BLAS GUERRERO, A. «Lord Acton y el pensamiento político liberal» *Sistema: revista de ciencias sociales* núm. 93. 1989. Págs. 29 a 42.

DUPUIS, J. *Hacia una teología cristiana del pluralismo religioso*. Sal Terrae. Santander, 1997.

El peregrino. Autobiografía de San Ignacio de Loyola. Introducción, notas y comentario por Josep M. Rambla Blanch, SJ. Mensajero-Sal Terrae. Universidad Pontificia Comillas. Madrid, 2015. 253 págs.

GARCÍA DOMÍNGUEZ, L. M. *El libro del discípulo. El acompañamiento espiritual*. Sal Terrae-Mensajero. Santander-Bilbao, 2011.

GARRIDO, J. «Discernimiento y acompañamiento». *Apuntes*, 6. Instituto Teológico de Vida Religiosa. Facultad de Teología. Vitoria-Gasteiz, 2001.

GIORDANI, B. «Una nueva metodología para la dirección espiritual» *Seminario* núm. 28. 1982. Págs. 147 a 161.

GIRALDO GONZÁLEZ, D. – NARANJO AGUDELO, J. A. *Liderazgo: desarrollo del concepto, evolución y tendencias.* Universidad del Rosario. Bogotá, 2014. Pág. 28.

GOMÁ LANZÓN, J. *Imitación y experiencia. Tetralogía de la ejemplaridad.* Editorial Debolsillo. Madrid, 2019. 632 páginas.

GONZÁLEZ, L. «Notas a la correspondencia de San Ignacio con los laicos de su tiempo». *Manresa* núm. 59. 1987. Págs. 243 a 256.

GUIBERT, J. M. *El liderazgo ignaciano. Una senda de transformación y sostenibilidad.* Sal Terrae. Maliaño, 2017.

GUIBERT, J. M. *Diccionario de liderazgo ignaciano.* Mensajero. Madrid, 2014.

https://jesuitas.lat/es/noticias/1196-preferencias-apostolicas-universales-de-la-compania-de-jesus-2019-2029. Fecha de consulta: 7 de agosto de 2019.

HUGHES, R., GINNET, R., Y CURPHY, G. (Ed). *Liderazgo cómo aprovechar las lecciones de la experiencia.* McGraw-Hill. Méjico, 2007.

IGLESIAS, I. «Dar "a otro modo y orden"» *Manresa* núm. 61. 1989. Pág. 364.

KOLVENBACH, P. H. The Road from La Storta. Institute of Jesuit Sources. St. Louis, 2000.

LAMET, P. M. *El caballero de las dos banderas.* Ignacio de Loyola. Mensajero. 2ª edición. Madrid, 2017.

LISBOA, P. *Exercicios Espitiuais e acompanhamento: relaçao e aproximaçao.* Itaci. 1997. Pág. 82.

LOWNEY, C. *El liderazgo de los jesuitas.* 2ª edición. Universidad Pontificia Comillas – Sal Terrae. Madrid, 2014.

LUPANO, M. – CASTRO, A. «Estudios sobre el liderazgo – Teorías y Evaluación» *Psicodebate* núm. 6. 2008. Págs. 107 a 122.

MARTÍNEZ, E. «Diario Espiritual de San Ignacio. El placer de Dios (de 147 y 284)». *Cuadernos de Espiritualidad.* Centro de Espiritualidad Ignaciana. Perú.

MAXWELL, J. «Liderazgo Carismático». *Executive Excellence* núm. 86. 2011. Págs. 22-23.

MAZA, M. *La Autobiografía de San Ignacio: apuntes para una lectura.* CIS. Roma, 1984.

Monumenta Historica Societatis Iesus. Sancti Ignatii de Loyola, epistolae et Instructiones. Madrid, 1903-1911.

MORITZ, M. C. «Algunas ideas de Freud sobre la religión». *Revista Pilquen.* Centro Universitario Regional Zona Atlántica. Universidad Nacional del Comahue. Viedma, Río Negro, Argentina. 2012.

MÜLLER, G. L. *Informe sobre la esperanza.* BAC Popular. Madrid, 2016. Pág. 3.

NADAL CAÑELLAS, J. SJ. *Jerónimo Nadal. Vida e influjo.* Mensajero– Sal Terrae. 2007.

NICOLÁS, A. *Liderazgo ignaciano.* Colección Pensamiento Jesuítico núm. 3. Instituto de Estudios Superiores de Occidente. Méjico, 2014.

OBRADOR VIDAL, B. *450 años de historio del Colegio Montesión en Palma de Mallorca.* 3 vols. Asociación de Antiguos Alumnos de Montesión. Palma de Mallorca, 2011.

O'LEARY, B. «El misticismo de San Ignacio de Loyola» *Revista de Espiritualidad Ignaciana* núm. 116. 2007.

O'MALLEY, J. W. *Historia de los Jesuitas. Desde Ignacio hasta el presente.* Mensajero. Bilbao, 2014.

Osuna, J. *Amigos en el Señor. Unidos para la dispersión.* Mensajero-Sal Terrae. Bilbao-Santander, 1998.

Palacios, I. J. *Eremitas.* Palmyra. Madrid, 2007.

Pannikar, R. El Cristo desconocido del hinduismo. Marova. Madrid, 1971.

Pérez, Q., SJ. *El pensamiento religioso de Unamuno frente al de la Iglesia.* Sal Terrae. Santander, 1946.

Rahner, K. «El cristianismo y las religiones no cristianas», en *Escritos de Teología.* Vol. V. Taurus. Madrid, 1964.

Rambla Blanch, J. M. Jesuitas y compromiso por la Justicia. Centre d'estudis Cristianisme i Justícia. Fundació Lluís Espinal. https://blog.cristianismeijusticia. net/2016/10/03/jesuitas-compromiso-la-justicia Fecha de consulta 8 de agosto de 2019.

Rambla, J. El Peregrino. Autobiografía de San Ignacio de Loyola. Mensajero-Sal Terrae. Bilbao-Santander, 1983. Pág. 45.

Ravier, A. *Ignacio de Loyola y el arte de la decisión.* José J. de Olañeta, editor. Palma de Mallorca, 2000. Pág. 154.

Real Academia Española, vigesimotercera edición, 2014.

Rogers, C. *El proceso de convertirse en persona.* Paidós. Barcelona, 1994.

San Ignacio de Loyola, ed. (2010). Ejercicios Espirituales (8ª edición). España: Edapor.

Secretariado de Educación de la Compañía de Jesús, Excelencia Humana: hombres y mujeres conscientes, competentes, compasivos y comprometidos. Roma, 2015.

Silos, L. R. «Cardoner en la vida de San Ignacio de Loyola» *Archivum Historicum Societatis Iesu* vol. 33. 1964. Págs. 3 a 43.

Sosa, A. «El modo nuestro de proceder» Revista SIC. Centro Gumilla. Venezuela, 1991.

Tellechea Idígoras, J. I. *Ignacio de Loyola, solo y a pie.* Ediciones Sígueme. Salamanca, 2004. 430 págs.

Thió De Pol, S. *La intimidad del peregrino.* Mensajero-Sal Terrae. 2ª edición. 1998.